ケズィック・コンベンション説教集

2021

わたしたちの希望

～パンデミックの時代に～

Our Hope–In the Pandemic Era–

ALL ONE IN CHRIST JESUS

日本ケズィック・コンベンション

表紙装幀：ロゴスデザイン　長尾 優

序文　宝の山へのガイドマップ

エバンジェリカル・コングリゲーショナル・チャーチ 相模原グレースチャペル牧師

阿部 信夫

２０２1年日本ケズィック・コンベンション60周年の記念大会は、予想もしなかった新型コロナウイルス・パンデミックのために、初めてのオンライン集会となってしまいました。当日の視聴者は、残念ながら例年より少なかったものの、ユーチューブでの配信によって、延べ２０００回以上視聴されました。今まで参加できなかった方々が視聴し、課題であった裾野の拡がりを感じる大会となりました。主の聖名を崇めます。

さて、「日本ケズィック・コンベンション説教集」は１９９1年から発行され、昨年で30巻となりました。私の書斎に、説教集が30巻揃っています。ところが昨年まで、それは宝の持ち腐れになっていました。

しかし昨年、説教準備の時に、「ケズィックの講師は、この個所をどう説教していたか調べられたら、とても助かるのに！」と示されました。ただ、30巻のどこに目指す個所があるか、調べるのが大変です。30巻全体の索引があれば、簡単に探せると気づき、じゃ作ってみるかと一念発起して、作成に取り掛かりました（パソコンが苦手なので、甥っ子や弟、事務局スタッフの助けを借りて）。すると、予想以上の祝福でした。すばらしい証しや例話があります。こんな捉え方があるんだとチャレンジを受けました。今も、次の聖日の説教準備をしています。ルツ記です。２０１３年ビル・ニューマン先生、２０１９年ジョナサン・ラム先生の説教が、すぐ見つかりました。説教を作る前に、まず自分自身が整えられました。本当に《宝の山》が身近にあるのです。

《毎週が、ケズィック！》と言うと、ちょっとオーバーでしょうか。いや、次の週の聖書個所の説教が無くても、自分の霊的成長のために、ダンカン先生や、オルフォード先生の説教を読みたいと思えば、すぐ索引で、開くことができます。大きな恵みです。冬季の本大会だけでなく、必要な時、いつでも優れた説教を読めるのですから。

皆さんのお手元に、この宝の山はあるでしょうか。幸いなことに、この宝がまだケズィックの事務所にたくさんあるのです。この機会に、２０２１年版だけでなく、お持ちになっていない巻をまとめて購入されることをお勧めします。そして説教集索引『宝の山へのガイドマップ』を活用し、《毎週が、ケズィック！》を実感していただければと、心から願っております。

２０２1年9月

（このケズィック説教集索引〝宝の山へのガイドマップ〟は巻末に付録として収めましたが、毎年更新されますので、ケズィックのホームページからダウンロードしてご活用ください。）

わたしたちの希望
～パンデミックの時代に～
Our Hope ～ In the Pandemic Era ～

目次

〈バイブル・リーディング〉

パンデミックの世界への希望

ジョナサン・ラム

ペテロの手紙 第一 1章1～9節

今回、わたしはペテロの手紙第一の冒頭の個所から、コロナウイルス感染が世界的に拡大している時代の希望について語りたいと思います。

コロナウイルスの世界的感染は、わたしたちに将来に対する大きな不安を引き起こしました。この不安はこれからも次々と襲ってくるものでしょうか。最終的にいつこのウイルスは終息するのでしょうか。また、経済的影響はどのようなものであり、それが人々の仕事や生活にどのように影響を与えるのかまだ分かりません。さらに、隔離生活を経験した人々のメンタルヘルスについても懸念があります。

最も重要なことは、わたしたちが死の現実をより鮮明に経験したということです。今回の危機は、人々がこれまですでに感じていた人間の生命と将来に関する多くの恐れや不安をさらに加えたように思います。それが地球規模の気候変動であろうと、テロリズムからの脅威であろうと、そして今回のウイルスの世界的感染の恐れであろうと、今や誰もが世界的な不確実性と不安を感じています。

人間の心が対処できないことは希望がないことです。これは、わたしたちを造られた神から離れて生きる人が陥る結果の一つです。パウロはそのような人々を「希望もなく、神もなく」と表現しています。

そして、本当の希望が感じられない時、人はあらゆるもので自分の心を満たそうとします。薬物やアルコールに頼る人、間に合わせの自己満足を得ようとする人、安心感を得ようと必死になったり、星占いやいろいろな迷信に頼る人も出てくるでしょう。

しかし、多くの若者は答えを見つけていません。彼らは、過去百年の中で、自分の親の世代よりも希望を持ちにくい最初の若者たちです。この考察が事実であるなら、わたしたちは、それがどれほど深刻な事態になるか想像できます。

ペテロは、希望がクリスチャンの信仰の中心にあることを知っていました。ペテロの時代にクリスチャンになることは、当時の社会において不安と困難の多い生活に直面することでした。人々は周囲を恐れ、クリスチャンと交わることをためらったでしょう。したがって、このペテロの手紙が書かれた目的の一つは、究極的な未来への確かな希望に対する根拠を伝えて読者を励ますことでした。人々は、この希望が確かであると知るなら、現在の生活がどれほど厳しく不安定なものであっても、喜びと自信を持って生きることができるのです。

ペテロは希望を伝えるメッセンジャーです。希望は鎮静剤ではなく、行動を起こす力となるアドレナリンのようなものです。それでは、この希望の根拠について考えてみましょう。

1　希望はより大きな物語に組み込まれています（1〜2節）

ペテロはこの手紙を外国人や難民に宛てて書きました。「ポントス、ガラテヤ、カパドキア、アジア、ビティニアに散って寄留している選ばれた人たち」（1節）。

彼らは難民でした。おそらく彼らは、ローマから追い出され、小アジア（現在のトルコ）に散らばっていた人々で、貧しく、権力を持ちませんした。ペテロは、そのような彼らの立場を考えて、すべての真のクリスチャンは、確かに、この世では寄留者であると言ったのです。わたしたち神に召された者はイエスに従う道を歩むとき、旅する寄留者として生きているのです。したがって、この手紙は、危険な旅を続けているキリスト者のための旅行ガイドブックと言えるでしょう。

わたしたちクリスチャンはこの旅についていろいろな不安を感じます。まだクリスチャンになって間もない人であるなら、新しい生活がどのようなものか、周囲からの反対や困難にどう対処できるのか心配だと思います。また、地上の信仰生活が終わりに近づいている人であれば、自分が最終的に天国という目的地にたどり着けるのかどうか不安を感じているかもしれません。

ペテロの冒頭の言葉に注目してください。1節で「選ばれた人たち」とペテロは強調しています。そして2節では、「父なる神の予知のままに、御霊による聖別によって、イエス・キリストに従うように、またその血の注ぎかけを受けるように選ばれた人たち」と言っています。

数学者で宇宙学者の故スティーブン・ホーキング博士は、彼に尋ねられる最も一般的な質問の一つは、「神が存在しないことを証明できますか」であると言っています。彼の答えは、「わたしたちは、1億個の銀河のうちの一つの片隅にある非常に平均的な星の小惑星にいるきわめて小さな生き物ですから、わたしたちを気にかけたり、わたしたちの存在に気づく神がいると信じるのは困難です」。

しかし、1節の言葉は、ホーキング博士の皮肉に満ちた言葉とはまったく違います。ペテロは、あなたとわたしが永遠の初めから神に知られている存在であることを強調します。わたしたちは神に選ばれ、愛されています。これはクリスチャンのアイデンティティであり確信なのです。

2節で、「父なる神の予知のままに、御霊による聖別によって、イエス・キリストに従うように、またその血の注ぎかけを受けるように選ばれた人たち」と言われていますが、三位一体の神が一つになって共に働き、わたしたちが神の家族の一員であることを保証し、わたしたちを神の良い目的の中に包み込んでいます。クリスチャンにとって、これが本当の物語です。つまり、わたしたちの人生を含む永遠の過去から永遠の未来に続く、永遠の時間の中で繰り広げられる物語なのです。

2　希望は過去の出来事に基づいています（3節前半）

未来への希望は、すでに起こった過去の出来事に基づいています。通常、わたしたちの希望は、まだ起こっていないことと関係があります。わたしたちは将来の可能性を希望としますが、この希望に保証はありません。しかし、クリスチャンの希望は必ず実現します。１００％の保証付きです。どうしてでしょうか。それはその希望がすでに起こった出来事に基づいているからです。「イエス・キリストが死者の中からよみがえられたことによって」（3節）。

ペテロはこれを彼自身の人生を変えた出来事として知っていました。イエスが十字架で死んだとき、ペテロの望みも消えました。しかし、復活した主に出会ったとき、彼の人生は変わりました。彼は、イエスが勝利したことによって、神がすべてのものを新しくすることに気づきました。その神の働きはイエスを信じるすべての人に約束されています。

ペテロは3節でそのつながりを示します。キリストの復活が希望をもたらすのは、彼が生きているということだけでなく、キリストがわたしたちをもその新しいいのちに導いてくださったからです。「イエス・キリストが死者の中からよみがえられたことによって、わたしたちを新しく生まれさせ、生ける望みを持たせてくださいました」。わたしたちの永遠に続く新しい人生は、イエスの復活によって完全に保証されています。あなたの人生とわたしの人生においてこれほど確実なものはありません。キリストの復活のゆえに、わたしたちの究極の未来は完全に保証されています。ペテロは21節でこう述べています。「あなたがたは、キリストを死者の中からよみがえらせて栄光を与えられた神を、キリストによって信じる者です。ですから、あなたがたの信仰と希望は神にかかっています」。

第一に、希望はより大きな物語に組み込まれています。第二に、希望は過去の出来事に基づいています。

3　希望は確かな未来に基づく（3節後半～4節）

わたしたち夫婦は今、ユーモアのある3人の娘が、わたしたちの所有物を彼らの間で割り当てることをすでに提案している、そんな人生の段階に来ています。娘の一人が次のような提案をしました。本は一番下の娘に、家は一番上の娘に、そして二番目の娘は両親の世話をする。新約聖書では、「資産」という言葉で、相続人は、父親がまだ生きている時でさえ、親の財産に対する法的請求権を持っていることを表現しています。

ペテロは、不確かな世界に生きるクリスチャンに向かって、彼らの将来が安全であることを思い出すように勧めています。わたしたちの名前はすでに受け継ぐ資産に記されています。手続きが行われる時を待っていると5節は言っています。「終わりの時に現わされるように用意されている」。イエスの復活とわたしたちのイエスにある新生は、神の救いが完成しており、神ご自身によってわたしたちのために守られていることを意味します。それは確実な資産です。

このペテロの言葉は、イスラエルの出エジプトの出来事をほのめかしていると言う人もいます。わたしたちのために用意された約束の地があるのだとペテロは暗示しているのです。そしてその約束の地は神によって安全に保たれています。滅んだり、台無しになったり、色あせたりすることはありません。9節は「わたしたちの信仰の結果」が「たましいの救い」であると説明しています。

イギリスの作家C・S・ルイスは、ある本の中で述べています。「現在の生活は、偉大な物語の表紙であり目次である。物語はその次のページから永遠に続くが、どの章も一つ前の章よりすばらしい物語が繰り広げられるのだ」。

ペテロの手紙第二もまた、わたしたちが目を上げて、義の宿る新しい天と新しい地を待ち望むように勧めています。そこには、朽ちることも汚れることなく、苦い思い、憎しみ、傲慢、貪欲のかけらもありません。もはや痛みも死も涙もありません。わたしたちの希望は神の招きに基づいています。キリストの復活と確かな未来に基づいています。

4　希望がわたしたちの現在の経験を新しくする（5節～9節）

このことがどのように実現するのか、この個所はいつかの方法を説明しています。まず、力強い守りです（5節）。

手紙の残り部分を読むと、ペテロが現実主義者であることが分かります。彼は当時のクリスチャンたちが困難に直面していることをよく知っていましたから、イエスの復活に基づくクリスチャンの希望が、現在の困難な状況に立ち向かう助けになるのだと語っているのです。

わたしたちは神の力によって守られています。たとえ最終的にわたしたちが旅を完了できなかったとしても、わたしたちの将来の資産は確かであると知っていることは、慰めです。

ペテロが使う言葉には、戦いを連想させる言葉があります。例えば、5節の「守られている」と訳されている個所は、実際には「盾で守られる」という意味です。神はわたしたちを守ると約束しておられます。

これは、苦しみが消えることを意味するのではなく、現在の混乱した状況から安全な宇宙船に自動的に瞬間移動するようなことを意味するのでもありません。クリスチャンは、この堕落した世界の悲しみから免れることはできません。神の目的は、困難を回避することではなく、困難を変えることです。

7節はわたしたちに希望を思い起こさせます。試練は、火によって精練された金のように、信仰の成熟において、我慢強い忍耐を生み出します。その日が来るとき「称賛と栄光と誉れをもたらします」。これは、神への賛美だけでなく、そのような試練を耐え抜く忠実な信者のための栄光の約束です。これもまた、希望がわたしたちを新しくするもう一つの側面です。

それは、わたしたちが試練に直面しても、その試練に押しつぶされず、打ちのめされず、決して神の愛から引き離されることがなく、永遠のいのちを受け継ぐ確信を壊さないという希望です。それはわたしたちが今、自信を持って地上での生活ができるという希望でもあります。わたしたちは毎日、力の限り神に仕えることができます。わたしたちは自分の町や地域に住む他の人々を助け、彼らを主イエスに導くことができます。そのような将来の希望はわたしたちの現在の生活をも変えるのです。

そして最後に、ペテロは喜びに満ちた期待について語っています。ペテロは、未来を知っている人々、悪の支配が終わることを知っている人々が持つ揺るぎない喜びについて説明しています。わたしたちは神に守られているので、悪はもはやわたしたちを支配することなく、わたしたちの最終的な救いが明らかになるとき、完全に取り除かれます。

ペテロは4章13節で述べています。「むしろ、キリストの苦難にあずかればあずかるほど、いっそう喜びなさい。キリストの栄光が現れるときにも、歓喜にあふれて喜ぶためです」。また1章8節では次のように述べています。「ことばに尽くせない、栄えに満ちた喜びに踊っています」。いつかわたしたちは主と出会います。わたしたちはペテロのように主を見たことはありませんが、今、主とともに生きる中で、わたしたちは言葉にできない喜びに満ち足りるのです。ですから、その未来を考えると、わたしたちは喜びに満ちた期待に胸が膨らむのです。

わたしは、若い頃、毎年夏に一週間イギリスの南海岸に行きました。その休暇のことを考えるだけで興奮していました。そしてイースターが終わったとたんに、夏の旅行のための荷作りを始めていました。数か月前にすでに夏休みの休暇の準備ができていたのです。

死をすごく楽しみな出来事として考えたことはないでしょうか。今の人生が永遠いのちへの準備であることを本当に理解すれば、わたしたちにとって、死ぬことを大きな期待を持って待つことができます。死の問題を無視したり、天国の喜びについて考えることを先延ばしにしないでください。希望を持って待ちましょう。

〈バイブル・リーディングII〉

聖霊に満たされる生活

ロジャー・ウィルモア

エペソ人への手紙 5章18節

ケズィック・コンベンションは、1875年イギリスのケズィックで始まりました。今まで145年間、世界中から多くの方々が7月にイギリスのケズィックに集まりました。日本でのケズィック・コンベンションもすでに60年を超えています。神は、日本ケズィックを通して、人々の人生を変えてくださいました。ケズィックは、数日間を主の御前に取り分けて、勝利あるクリスチャン生活について聖書が語ることを学ぶから、大切なのです。

ケズィックが始まった時、次の目的が掲げられました。「実践的聖さを促進する」。すなわちこのコンベンションは、あなたが生活する場所で、どのように聖書が語るクリスチャン生活をすべきかを学ぶ時です。

初期のケズィックにおいて、説教者たちは毎日特別な強調点を掲げてメッセージをしました。第一日は、信仰生活における罪の問題を取り扱います。二日目には、神がどのように罪をきよめられるかを語ります。三日目は、主なるイエス・キリストついて。四日目には、聖霊に満たされた生活について語られます。

はじめに3つの質問を考えてみましょう。最初の質問は、聖霊は一体誰なのか、です。今日のメッセージの強調点はこれです。エペソ人への手紙5章18節の御言葉に入る前、まずこの質問に答える必要があります。

第一は、聖霊は誰なのか。

ヨハネの福音書14章16節で、イエスは、「わたしが父にお願いすると、父はもう一人の助け主をお与えくださり、その助け主がいつまでも、あなたがたとともにいるようにしてくださ」ると言われました。イエスは聖霊を「助け主」と言われました。すなわち、あなたのそばに来て、あなたを助け、励ましてくださる方です。17節では、主イエスはこの助け手をあなたと共に、あなたの内にいてくださる「真理の御霊」と言われました。聖霊は、イエス・キリストの霊です。クリスチャンになると、聖霊がその人の心と生活に入り、助けてくださいます。

第二は、いつ聖霊を受けるか、です。聖霊は、回心の時、あなたがイエスを自分の人格的救い主として受け入れる時、あなたの心と人生に入ってくださいます。ガラテヤ人への手紙2章20節でパウロは次のように語っています。「もはや私が生きているのではなく、キリストが私のうちに生きておられるのです。今私が肉において生きているいのちは、私を愛し、私のためにご自分を与えてくださった、神の御子に対する信仰によるのです」。

ここで「キリストが私のうちに生きておられる」という言葉に注目してください。パウロは、ローマ人への手紙8章9節で、「もし、キリストの御霊を持っていない人がいれば、その人はキリストのものではありません」と語っています。キリストが聖霊を通してその人の内に生きるなら、その人はクリスチャンです。

第三の問いは、クリスチャン生活における聖霊の目的は何かということです。聖霊は、クリスチャンがキリストのようにきよく生きる力を与えます。あなたもわたしも、誰も、わたしたちの内に生きておられる聖霊の力無しにクリスチャン生活を送ることはできません。

18節に帰りましょう。クリスチャン標準訳では次のように訳しています。「ぶどう酒に酔ってはいけません。そこには放蕩があるからです。むしろ、聖霊に満たされなさい」。

多くのクリスチャンが困難を覚えています。聖書が提示する神の標準的クリスチャンとして生きることのむずかしさを感じているのです。実際には、誰もそんなクリスチャン生活はできません。いくら努力してもわたしたちは失敗してしまいます。あなたには聖霊が必要です。

使徒ヨハネが聖霊を助け主と語ったことを思い起こしてください。聖霊は、クリスチャンがクリスチャンとして生きることができるようにしてくださる方です。聖霊は助け主です。わたしたちは、聖霊の力と助けを必要としているのです。

次のことを御言葉から一緒にしばらく考えてみましょう。

1　聖霊に満たされるということは神の命令である

「聖霊に満たされなさい」は主の命令です。聖霊に満たされることはオプションではありません。ですからもし、聖霊に満たされなかったら、その人は主に従っていないことになります。あなたは聖霊に満たされていますか。これがこの説教の目的とするところです。聖霊に満たされなさい。

なぜ、パウロは酒に酔ってはならないと語るのでしょうか。人がワインや酒に酔うと、それに支配されます。すなわちパウロは、自分に害をもたらす酒に支配されないよう語っているのです。むしろ、聖霊に満たされ、支配されることは、聖い生活をもたらすのです。パウロは、クリスチャンは聖霊に満たされ、支配されるようにと語っています。

聖霊に満たされたら、聖霊に満たされた人かどうかをあなたは見分けることができます。彼がどのように神の光の中に歩むのか。彼がどう行動するかによって、その人が聖霊の支配下にあるかが分かります。

では、なぜ聖霊に満たされる必要があるのでしょうか。神の御言葉がそう命じているからです。ルカ24章49節でイエスは天に上げられる前、最後に弟子たちに語られました。「見よ。わたしは、わたしの父が約束されたものをあなたがたに送ります。あなたがたは、いと高き所から力を着せられるまでは、都にとどまっていなさい」。主イエスは弟子たちが聖霊の力を必要としていることを知っておられたのです。イエスが弟子たちに聖霊の力をいただくまでエルサレムで待つよう、提案ではなく、命令されたのでした。

2　人はどうやって聖霊に満たされることができるのか？

わたしたちが、神の働きを遂行していくためには聖霊の満たしが必要です。

「しかし、聖霊があなたがたの上に臨むとき、あなたがたは力を受けます。そして、エルサレム、ユダヤとサマリアの全土、さらに地の果てまで、わたしの証人となります」（使徒の働き1章8節）。

イエスは、弟子たちが直面する問題や、弟子たちの中に殉教する者がいることも知っておられました。弟子たちがその召しを遂行していくためには聖霊の力が必要です。そして、あなたも主の召しにお応えしていくために聖霊の力が必要です。

聖霊に満たされることを考える前に、もう一つ重要な教えに心をとめましょう。ハロルド・リンゼル博士は、「わたしたちが聖霊に満たされるためには、まず自ら進んで、しもべの心で、心から主イエス・キリストの足元に服従することが必要である」と語りました。この選択は強制ではなく、一つの条件です。その時、主は聖霊でわたしたちを満たしてくださいます。

これは今日、とても大切なチャレンジです。あなたはイエスの主権に服従していますか。ビリー・グラハム博士は「どうやって聖霊に満たされるのか」という本を書きました。グラハム先生がこう言われます。聖霊に満たされるためには次の3つのことが大切だ。理解、服従、信仰による歩みの3つです。

1　理解

聖霊に満たされるためには、理解が必要です。わたしたちが知り、理解すべき、神の言葉の真理があります。神は、聖霊をわたしたちに与え、聖霊に満たされることを命じておられます。罪は、わたしたちの生活における聖霊の働きを妨げます。わたしたちは生活における罪を取り扱わなければなりません。罪がわたしたちの生活習慣になってはならないのです。神の御言葉を学ぶことも大切です。

誰が今あなたの人生を支配しているのか。自我でしょうか、キリストでしょうか。これらのことを理解する必要があります。

2　服従

グラハム先生は、服従の重要性についても語りました。この服従に関して次の真理を理解する必要があります。自分のやり方を捨てて自分の生涯のすべてを主に従わせることです。そして、ヨハネの手紙第一1章9節にあるように、自分の罪を告白し、悔い改めることです。神に自分を屈服させ、服従し、委ねることです。

3　信仰による歩み

信仰による歩みを知るべきです。ここには、信仰についてわたしたちが知るべき真理があります。まず、聖霊に満たされるとは、感情ではなく、信仰であることを覚えるべきです。聖霊に満たされることは、わたしたちが完璧であることを意味しません。最後に、聖霊に満たされるのは1回切りではなく、1回だけの選択ではなく、毎日必要です。

わたしは、尊敬する故ウェスレー・デューエル博士から個人的に色々なことを学びました。デューエル博士は、インドで宣教師として働き、ＯＭＳ（One Mission Society）の代表として奉仕された方です。彼は、聖霊に満たされることについても本を書きました。

デューエル博士は、聖霊に満たされることについて、まず第1に、あなたと神の間が、すべて綺麗になっているか。わたしたちはどんな罪でも完全に取り扱う必要がある。聖霊に満たされているなら、光の中に歩むべきである。第2に、自分の必要を知ることです。そして、神にはそれを満たす能力があることを知ることです。神に正直に、自分の必要、弱さ、失敗を告白することです。第3に聖霊の満たしを慕い求めることです。神は、わたしたちが望む度合いに応じて、わたしたちに出会ってくださいます。もし、あなたが聖霊に満たされることを望まないなら、あなたは満たされません。あなたが聖霊に満たされることを望むなら主はあなたに会ってくださいます。

第4に、デューエル博士は、イエスの主権に完全に服従すべきだと語ります。主から離れては何も得られません。あなたの人生に、イエスをお迎えできない秘密の部屋があってはなりません。主が全てを所有すべきです。これは聖霊に満たされるために最も大切なことです。聖霊に満たされるために完全に自分の人生をささげなければなりません。何も留保しないで、主にささげるべきです。

第5は祈りです。聖霊に満たされるよう主に祈ることです。「ですから、あなたがたは悪い者であっても、自分の子どもたちには良いものを与えることを知っています。それならなおのこと、天の父はご自分に求める者たちに聖霊を与えてくださいます」（ルカの福音書11章13節）。あなたは聖霊を求めて祈ったことがありますか。これは、神に純粋に、求めなさいということです。神よ、わたしをあなたの霊で満たしてくださいと求めることです。第6は信頼してささげることです。聖霊の満たしは、信仰によってあなたに起こります。信仰によって今あなたも満たされることができます。今、わたしも満たされると信じることです。ささげるとは、信仰を適用することです。聖霊はすでに信じる者の内におられますが、聖霊がそのふさわしい場所におられないということがあります。この聖霊に満たされる6つのステップが皆さんの生活と経験に役立つことを願います。

さて、デューエル博士は、聖霊に満たされた生活についての霊的現実を述べています。これを知ることも大変重要で価値あることなのですが、それが何かを見てみましょう。

まず第1に、聖霊に満たされることは瞬時に起こります。あなたが聖霊に満たされることを信頼して求めたら、主は瞬時にそうしてくださいます。それは段階的プロセスではありません。

第2に、聖霊に満たされるとは、感情の問題ではありません。あなたの信仰は神が語られる言葉にあります。あなたが何か感じることにあるのではありません。

第3に、聖霊に満たされ続けることは可能です。あなたは瞬間瞬間、いつも聖霊に満たされるために主に服従すべきです。

最後に、聖霊に満たされることを喜び、感謝しなさい。全てにおいて主に服従するのです。

3　聖霊に満たされていることのしるし・証拠は何か

聖霊に満たされる証拠について見たいと思います。いったい、聖霊に満たされた人はどういう者か、どのように見えるかです。ある人が聖霊に満たされている証拠は次の通りです。

1　キリストを恐れずに証しするようになる

ペテロとヨハネは奇跡を行ったことのゆえに、サドカイ人やパリサイ人に捕まりました。この話は使徒の働き3～4章にあります。彼らは牢屋に投げ込まれ、脅されました。聖霊に満たされたクリスチャンは何も恐れません。あなたは勇気を持っていますか。大胆さを持っていますか。これは聖霊に満たされたところから来ます（使徒の働き4章31節）。

2　聖霊に満たされている喜びがある

使徒の働き2章47節では、ペンテコステの時、聖霊が人々の上に臨み、人々は神を賛美したとあります。喜びの賛美がありました。聖霊に満たされたクリスチャンは喜んで神を賛美します。

3　聖さは、聖霊に満たされたしるしである

使徒の働き4章13節で、「彼らはペテロとヨハネの大胆さを見、また二人が無学な普通の人であるのを知って驚いた。また、二人がイエスとともにいたのだということも分かってきた」とあります。聖さという単語は、ある特別な目的のために取っておくという意味です。それは聖別された生活を言います。クリスチャンは、この世から聖別された人です。

聖霊に満たされた人は、イエスのようになります。聖霊の主な働きとは、あなたの人生、わたしの人生において、人がイエス・キリストのように変えられることです。聖霊は、わたしたちがクリスチャン生活においてますますイエスのように変えられるように願っておられます。これがこのコンベンションのメインテーマであり、メッセージの重要なところです。

あなたは、もう聖いかも知れませんが、ケズィック・コンベンションの目的は実践的聖化です。あなたも今、神に求めて聖霊に満たされることができます。あなたに問います。あなたは聖霊に満たされていますか。聖霊によって支配され、導かれていますか。もしそうでなかったとしたら、あなたもそのようになることができます。

〈バイブル・リーディングⅢ〉

永遠の神に希望を置く

ロバート・カンビル

イザヤ書40章25～31節

日本のケズィックの皆さん、こんにちは。皆さんと直接お会いできないのはとても残念です。いつか皆さんとまたお会いできればと願っています。今日、世界は、今まで人類が経験したことがないような苦しみの中にあります。多くの人たちが詩編77編9節で記者が問うたように、問うています。主の慈しみは永遠に失われてしまったのだろうか。怒りのあまり私たちに対する憐れみを閉ざされたのか。コロナウイルスの世界的大流行の中で、神はどこにおられるのか。

多くの人が職を失い、将来に対して不安を感じています。子どもたちに食べさせることにも大変な人たちがいます。これらはほんの一例です。

神はイスラエルの子らがバビロンの地に捕囚として連れて行かれると預言されました。イスラエルの人々は問いを持ちました。神はなぜそのようなことをゆるされるのか。奇跡を行い、自分たちをエジプトから救い出してくださった神はどこにおられるのか。神は私たちを忘れられたのだろうか。

神はイザヤに対して、イザヤ書40章28節で答えられたのでした。主は、イスラエルの子らに対して語られました。「あなたは知らないのか、聞いたことはないのか。主は永遠の神、地の果てまでも創造された方。疲れることなく、弱ることなく、その英知は究め難い」。

イスラエルの子らは未来に起こることを恐れ、彼らは問うています。ああ神よ、あなたは私たちがどのような中にいるのかをごらんになっていないのですか。あなたがもし、私たちがどのような中にいるかを見ておられるとしたら、こんなことが私に起こることを許されるはずはないではありませんか。ああ神よ、あなたはどこにおられるのですか。

ヨブ記23章3節には次のようにあります。

「私は知りたい。どうしたら、私はその方に、神に、会えるのか。御座にまで行けるのか」。イスラエルの人々は思ったのです。神は自分たちを見捨てたのだ。

日本の愛する皆さん。あなたが今、どのような中を通っておられるのか私は知りません。あなたを捕らえる多くの困難。そして未来への恐れ。あなたは、そこで途方に暮れ、問い続けるのです。神よ、あなたはどこにおられるのですか。

私たちはこのようなジレンマに向き合っています。答えがどこにも見いだせないような問題に向き合っています。しかし今は神から逃げ去るべき時ではありません。または神に対して疑いを抱くべき時でもありません。そうではなく、今こそ神に逃げ込むべき時なのです。

残念なことに、私たちの多くは神がどれほど偉大なお方であるかを理解していません。イスラエルの子らもそうでした。彼らは忘れていました。神がどれほど偉大であるかを。ですからこそ、この章で神はもう一度私たちに思い起こさせてくださいます。主はこの28節のところでおっしゃいます。「あなたは知らないのか」。神はもう一度私たちに思い起こさせてくださいます。主は永遠の神だ、その英知は究め難い。

そうです。皆さん、私たちの神は、

1　永遠から永遠までいますお方です

2　全能の神です

3　すべてをご存じのお方です

これが私たちの神です。私たちはこの神を信頼すべきです。私たちが今日直面するすべてのことの中にあって、この神を信頼するのです。しかしながら、あなたは私に尋ねられるかもしれません。私たちが神に叫んでも神がお答えにならないように見える中で、どのように神を信頼することができるでしょうか。

愛する皆さん、お聞きください。聖書は言います。神が私たちに語られない、または隠しておられることがある。「隠されたことは、私たちの神、主のものである」（申命記29章28節）。神は私たちに言わないことを選ばれることがある。もちろん、時には神は説明してくださいます。けれども多くの場合、神はご自身の胸の中だけにとどめておられる。神に質問することは許されています。けれども神に答えるようにと命じることはできません。なぜなら私たちが神に答えを要求するなら、あなたは神に食ってかかることになってしまいます。神は「その英知は究め難い」とおっしゃるのです。ただ主に信頼すべき時があります。

それを説明するかどうかは神次第です。そして神がそれを私たちに説明されないときは、皆さん、私たちはその理由を知らない方がよいのです。

神の御臨在を疑ってはいけません。あなたの生涯に働く神の力を疑ってはいけません。あなたに注がれる神の慈しみと愛を疑ってはいけません。25節で神は問いかけられます。

「『あなたがたは私を誰に似せるのか。私が誰と等しいというのか』と聖なる方は言われる」。誰と比べるというのか、神を誰と比べるというのか。そして神はおっしゃいます。私が助けるから。
「あなたがたの目を高く上げ
誰がこれらを創造したかを見よ。
万象を数えて導き出される方は
すべてを名前で呼ばれる」(26節)。

皆さんは、空にどのくらいの星があるかご存じですか。数え切れないほどの星があります。そして主はおっしゃいます。全部私が創造したのだ。私はその一つ一つに名前をつけた。神はすべての星を造られた力のある方。そして、その一つ一つを名前で呼ばれる人格的なお方なのです。神はすべての星をその名前で知っておられます。

神はあなたの名前を知っておられないでしょうか。あなたが今、その生涯の中で、どのようなところを通っているのか、神はご存じないでしょうか。主イエスがおっしゃったことを思い起こしてください。「二羽の雀は一アサリオンで売られているではないか。だが、その一羽さえ、あなたがたの父のお許しがなければ、地に落ちることはない」(マタイによる福音書10章29節)。そうおっしゃるのに、どうして私たちはこんなに神を疑うのでしょうか。

多くのクリスチャンが抱えている問題は、私たちと神との関係が主として日曜日の礼拝の時間だけのものになっているということです。私たちが神が期待しておられるような標準に達していないのではないでしょうか。神が一週七日毎日の神となるということです。

私たちの神、私たちの主イエス・キリストの父なる神は、物事がうまくいくときにも神ですが、困難のとき、危機のときにもまた神であられるのです。神はただおひとりです。私たちは神が私たちの生涯において、留守をしておられると考えるのでしょうか。聖書の中で神は私たちに今日も語られます。私たちは今、通っている困難の中にあっても主は語られるのです。「しかし、主を待ち望む者は新たな力を得」る（31節）。神はおっしゃいます。神が私たちに求めるただ一つのことは、主を待ち望むこと。

どのようにして主を待ち望むのでしょうか。

1　聖書の御言を読むことによって

理解できない時もあるでしょう。けれども聖書を読んで神の力を待ち望んでください。

2　祈りに時を用いてください

食事の前の祈りではなく、神と時を共にし、神に語りかけてください。あなたの問題を神さまのもとに持ち出してください。

「主は、ご自分に希望を置く者に　ご自分を探し求める魂に恵み深い」（哀歌3章25節）。

ある人たちは自分が困難の中にあるために、神に近づこうとします。けれどもより問題の解決になるのは、困難の中に置かれる前から、神に近づくことです。神は言われます。「しかし、主を待ち望む者は新たなる力を得」る。主を待ち望む人は新しい力を得ます。主は私たちの力を新たにしてくださるのです。そして神が新しい力を与えてくださるとき、その新しい力を三通りの仕方で見ることができるとこの章には書かれています。

第一に、あなたは鷲のように翼を広げて舞い上がるのです。鷲は翼を広げると2メートル半にもなります。鷲は羽をバタバタと羽ばたきません。鷲は翼を張って風に乗って飛びます。翼を張って上昇気流に乗るのです。神は言われます。私は問題の中にあっても、あなたが飛べるように助ける。神は言われます。

「神に近づきなさい。そうすれば、神は近づいてくださいます」(ヤコブの手紙4章8節)。

第二に、神は言われます。「走っても弱ることがな」い。神は新しい力を与えてくださいます。神はあなたに急降下と急上昇を繰り返させるのではなく、その中を走らせてくださいます。私たちが走り続けることができるように力を与えようと、追い風を吹かせてくださいます。問題の中にあっても私たちを走らせてくださるのです。あなたが私を見つめ続けるなら、私はあなたを助ける、と神は言われます。あなたに追い風を吹かせてあげよう。あなたが通り抜けるのは無理だと思う問題の中にあっても走り抜けるために。

第三に、神はあなたに新しい力を与えます。主は言われます。「歩いても疲れることはない」。ここではあなたは走るのではなく、歩いています。あなたはもうすっかり疲れてしまって走れない。でも注意深く聞いてください。

1　神はあなたの問題がなくなるようにとはされない
2　神はあなたが祈ったから、その祈りに従って答えられるというわけでもない

けれども、神はあなたのうちに御業を成されます。状況はもはや問題ではなく、困難ももはや問題ではない。試練や患難ももはや問題ではない。将来への恐れは、もはやあなたを煩わすことはない。神があなたに力を、困難の中を歩む力を与えてくださるから。

あなたは詩編の記者と一緒に告白することができます。

「主はわが光、わが救い。私は誰を恐れよう。主はわが命の砦。私は誰におののくことがあろう」(27編1節)。

ひとりの若い男を思い起こしていただきたいと思います。彼は、私たちの誰が通るよりもはるかにひどい試練や艱難を通られました。私たちの誰よりも多くの苦しみを経験されました。彼は鞭打たれ、苦しめられました。詩編129編3節には「悪しき者らは私の背に鋤を当て　長い畝を作った」とあります。人々は彼の手と足に釘を打ちつけました。そして、その頭に茨の冠を載せました。大きなひどい苦しみが次から次へと襲ってくる中で、聖書は言います。この若い男は神に叫びました。「わが神、わが神、どうして私をお見捨てになったのですか」。彼はどのような答えをいただいたでしょうか。天からの沈黙がそこにはありました。それはまるで、天にいますお方が「待て」とおっしゃっているかのようでした。天からの沈黙がそこにはありました。

彼は十字架の上でひどい苦しみを経験されました。神に叫びました。しかし、そこにあったのは天からの沈黙でした。彼は待たなければなりませんでした。彼は待たなければならなかったのです。

そして三日目。神はその栄光の力によってキリストを死人の中からよみがえらせてくださいました。罪と死に対する勝利を与えてくださったのです。

おそらく私たちの多くも神を待たなければなりません。三日でしょうか。三週間でしょうか。それとも三か月でしょうか。または何年も待たなければならないかもしれません。

愛する皆さん、神はあなたを忘れてはおられません。詩編の記者はこう言います。「主よ、あなたは尋ね求める人を　お見捨てにならなかった」(9編11節)。私たちは今日も神の力を経験することができます。

パウロもフィリピの信徒への手紙の中で言いました。「私は、キリストとその復活の力を知り、その苦しみにあずかって、その死の姿にあやかりながら、何とかして死者の中からの復活に達したいのです」（3章10節）。わたしは、今日、私たちの歩みのただ中で、この神の力を経験させていただきたいと願っています。それはキリストを墓の中からよみがえらせた力です。パウロはエフェソの信徒への手紙1章19～20節で次のように言います。「また、私たち信じる者に力強く働く神の力が、どれほど大きなものであるかを悟ることができますように。神は、この力ある業をキリストの内に働かせ、キリストを死者の中から復活させ」てくださった。

この神の偉大な力のゆえに、パウロはこのように言うことができました。「私を強めてくださる方のお陰で、私にはすべてが可能です」（フィリピの信徒への手紙4章13節）。ですから愛する皆さん。ヘブライ人への手紙の記者と共に「信仰の導き手であり、完成者であるイエスを見つめながら、走りましょう。この方は、ご自分の前にある喜びのゆえに、恥をもいとわないで、十字架を忍」ばれたのですから（ヘブライ人への手紙12章2節）。

私は今、あなたがどのようなところを通っておられるのか知りません。けれども神の御霊があなたに語りかけておられます。あなたは、自分が神の力を必要としていることを知っておられるはずです。そして、あなたが神を待ち望む場所は、神の力をもう一度経験する場所は、十字架のもとであることを知っておられるはずです。もう一度、心を開いて、十字架のもとに帰りませんか。もし、そうであるなら、どうぞこの祈りを一緒に祈ってください。

「主よ、私はなんとしばしば、あなたを失望させてきたことでしょうか。私をおゆるしください。私は、私の人生の中にもう一度あなたをお招きいたします。あなたのために生きるために。あなたの力をお与えください。主イエスのお名前によってお祈りいたします。アーメン」。

もし、あなたがこの祈りを祈られたなら、あなたのためにこの神の約束が与えられています。「若者も疲れ、弱り、若い男もつまずき倒れる。しかし、主を待ち望む者は新たなる力を得」る（イザヤ書40章30〜31節）。神が皆さんを祝福してくださいますように。アーメン。

〈聖会Ⅰ〉

仕える神、キリストの愛による勝利

マルコによる福音書10章35～45節

山崎　忍

オンラインを通して、日本ケズィック・コンベンションに参加されている敬愛する皆さま。ウェスレアン・ホーリネス教団浅草橋教会牧師の山崎です。

ケズィック・コンベンションは、わたし自身にとっては、霊的クリニックの場です。コロナ禍の中で、今わたしたちは、たくさんの想定外の出来事に遭遇しておりますが、ケズィックの聖会で御言葉を取り次がせていただくことは、わたし自身にとっての想定外のことです。けれども、ケズィックで恵まれ、育てられてきた者として、主のお言葉を語りなさいということだと受け止め、ここに立たせていただいております。

ケズィック・コンベンションの御言葉は、「あなたがたは皆、キリスト・イエスにあって一つだからです」（ガラテヤの信徒への手紙3章28節）ですが、今回のオンラインでのケズィック集会の動画編集のために、多くの先生方、兄弟姉妹が、キリスト・イエスにあって一つとされ、愛のご労をくださったことに心から感謝します。

さて、かつて日本に何度もケズィックの講師として来られたジョージ・ダンカン先生が、書物の中でこう記しておられました。「ケズィック・コンベンションは、カンファレンス、協議会ではありません。協議会は、ディスカッション、討議する時ですが、コンベンションは、決断の時です」。ケズィック・コンベンションは、人の言葉ではなく、神の言葉と聖霊のお取り扱いによって、主の御前で新たな決断をする時です。

今年のケズィック・コンベンションの各聖会、バイブルリーディングを通して、御言葉の前にひれ伏し、応答し、決断する機会となることを心から祈りつつ、御言葉を分かち合わせていただきたいと思います。

第60回日本ケズィック・コンベンションの主題聖句は、ローマの信徒への手紙8章37節です。「わたしたちを愛してくださる方によって輝かしい勝利を収めています」。そこから「主の愛による輝かしい勝利」というすばらしいテーマが掲げられました。輝かしい勝利、それは、圧倒的な勝利です。

わたしは野球少年でしたので、今でも野球の試合結果が気になります。野球の試合で、圧倒的な勝利となれば、それは徹底的に相手を打ち負かしたことになります。しかし、わたしたちを愛してくださる主イエスによって、わたしたちが圧倒的な勝利者となるのは、そういうことではありません。わたしたちの勝利は、真の神でありながら、真の人となられ、僕の姿を取られた主イエスの愛によって、わたしたちが仕える者とされることによってもたらされるものです。

1 仕える者となることを拒む罪人の姿

まず、「仕える者となることを拒もうとする罪人の姿」について見て参りましょう。

弟子たちが、イエスから「あなたがたは、私を何者だと言うのか」と尋ねられたとき、ペトロが代表して「あなたは、メシアです。生ける神の子キリストです」と告白しました。主イエスもその信仰告白を喜ばれたのです。ところが、その直後にイエスは、弟子たちにこう語られました。

「人の子は必ず多くの苦しみを受け、長老、祭司長、律法学者たちによって排斥されて殺され、三日の後に復活することになっている」(マルコによる福音書8章31節)。

この言葉を聞いたとたんペトロは、「主よ、そんなことがあってはなりません」と言って、イエスをいさめたのです。そのとき、主イエスは、「サタン、引き下がれ。あなたは神のことを思わず、人間のことを思っている」と言われ、ペトロをお叱りになりました。

人間のことを思うというのは、自分勝手な考え、自分の都合を優先することです。これに対して、イエスの御心にある神のこととは、罪の中にある人間を愛し、その罪の犠牲となって、その尊い命を与えることです。ペトロは、神のことを思わず、主の苦難、十字架を否定しました。

ペトロは、何もかも捨てて、イエスに従って行った人でした。物理的にはそうです。漁師としての網を捨てました。しかし、その心にある自分勝手な思いは捨てていませんでした。

この時のペトロは、イエスを、どんな病も癒され、権威ある教えを説かれ、政治的なメシア、これからのイスラエル王国を再建してくださるお方として見ていました。ですから、メシア、救い主として、苦難を通るイエスを受け入れることができませんでした。

イエスは、御自身の苦難について、さらに二度弟子たちに告げられましたが、イエスの傍らで、弟子たちは自分たちの中で誰が偉いかと議論していたのです。

先ほど朗読されたマルコによる福音書10章で、ヤコブとヨハネは、イエスに大胆なお願いをします。あなたが「栄光をお受けになるとき、私どもの一人を右に、一人を左に座らせてください」(37節)。彼らは、イエスが王座にお就きになるとき、ナンバーツー、ナンバースリーの座を求めました。弟子たちの中でナンバーワンになろうとしたのです。

主イエスの栄光は、十字架の苦難と復活を通して明らかにされました。しかしこのときの弟子たちは、イエスがこのままずっとおられ、王として君臨する日が来るから、その時、自分たちが少しでも高い位につくことを願ったのです。マタイによる福音書の並行記事を見ますと、他の弟子たちは、ヤコブとヨハネが大胆な申し出をしたことを知り、腹を立てたとあります。それは、彼らも同じことを考えていたからです。

人間が神にかたどって造られたとき、人は神の愛によって神と結ばれていました。しかし、悪魔が、あなたは神のようになれるのだと誘惑してきたとき、食べてはならないと禁じられていた善悪の知識の実を取って食べてしまいました。神中心の生き方から、自分中心の生き方になり、愛の神との関係が壊れました。罪の堕落です。自分の力で圧倒的な勝利者になろうとしたために、罪に支配され、敗北者となってしまったのです。これが罪人の姿です。

2　仕える神、主イエスのお姿

そのような罪深い者をなおも愛し、仕えてくださる神が、主イエスです。今度は、仕える神、主イエスのお姿を見ていきたいと思います。

主イエスは、マルコによる福音書10章45節でこう弟子たちに言われました。「人の子は、仕えられるためではなく仕えるために、また、多くの人の身代金として自分の命を献げるために来たのである」。主イエスにとって愛することは仕えることであり、御自身を与え尽くすことです。わたしたちが圧倒的な勝利者となるために、主は、わたしたちに徹底的に仕えてくださいました。

フィリピの信徒への手紙2章6~8節にこうあります。キリスト賛歌と言われるところです。「キリストは、神の形でありながら、神と等しくあることに固執しようとは思わず、かえって自分を無にして　僕の形をとり、人間と同じ者になられました。人間の姿で現れ、へりくだって、死に至るまでそれも十字架の死に至るまで従順でした」。

主イエスは、十字架を前にして、最後の晩餐の席では、弟子たちをこの上なく愛し抜かれ、弟子たちの足を洗われました。それは、当時奴隷の役目、しかも異邦人の奴隷の役目でした。主は、仕える者の姿を弟子たちに示され、「あなたたちも互いに足を洗い合いなさい。仕え合いなさい」と言われたのです。

そして、わたしたちの罪の贖いのために、十字架の上で、苦しみ、悶え、尊い血潮を流され、尊い命をささげてくださいました。主イエスにとって、愛することは仕えることであり、御自身のすべてを与え尽くすことであることをお示しになられたのです。

わたしたちは、主イエスの尊い命の代価によって買い取られた高価で尊い一人一人です。主はわたしたちをナンバーワンにするためではなく、かけがえのないオンリーワンとして、お互いに仕え合う者となるように招いておられるのです。

「あなたがたの中で偉くなりたい者は、皆に仕える者となり、あなたがたの中で、頭になりたい者は、すべての人の僕になりなさい」（マルコによる福音書10章43～44節）。

愛する皆さん、主イエスは、わたしたちにすばらしい計画をお持ちです。それは、わたしたちが互いに仕え合う者とされ、圧倒的な勝利者となる計画です。

わたしたちの心には、仕える神、主イエスだけが必要です。今一度新しく、心のど真ん中に主イエスをお迎えし、内にある傲慢、高ぶりの罪を打ち砕いていただきましょう。

わたしたちは、主イエスの似姿、つまり仕える者となるように召されています。

3　仕える人は、キリストを見せる人

そして、最後に申し上げたいのは、主の似姿に変えられた仕える者を通して、キリストが崇められるということです。その人は、人々にキリストを見せることができます。

主の僕、仕える者とされた使徒パウロは、キリストの福音のゆえに鎖につながれる中、次のようにフィリピの信徒たちに告げました。「そこで、私が切に願い、望んでいるのは、どんなことがあっても恥じることなく、これまでのように今も堂々と語って、生きるにも死ぬにも、私の身によってキリストが崇められることです」（フィリピの信徒への手紙1章20節）。

「私の身によってキリストが崇められる」とありますが、主の僕、仕える者とされたパウロは、自分

の身によって、ただキリストが崇められることを願いました。自分が崇められるのではなく、ただキリストが崇められることを願いました。

主の僕、仕える者とされた人は、その人を通して、キリストが崇められるので、その人の内にキリストを見ることができます。

わたしたちは、御言葉によってキリストと出会うことができますが、同時に、仕える者であるキリスト者の姿を通して、キリストを見ることができます。

今回のケズィック・コンベンションで唯一残念なことは、海外から来られる講師の先生と直接触れあうことができないことかもしれません。先生方とのお交わりこそが、ケズィック・コンベンションの恵みの一つだからです。

今回の講師の一人のロバート・カンビル先生は、何度か日本に来られ、わたしが牧会している浅草橋教会に二度、礼拝で御用くださり大変大きな恵みを受けました。

浅草橋教会での礼拝が終わり、午後のケズィック東京大会にカンビル先生を車でお連れすることになっていました。当時、まだ浅草橋教会の前任牧師黒木先生がお元気な頃でした。昼食を済ませ、わたしのミッションは3時までに、カンビル先生を淀橋教会に送り届けることでした。少し時間が押していて、わたしは急いで車を走らせていました。

そこへ、警察の車がやってきて、停止させられました。黄色車線をまたいだことによる違反でした。

「よりによってこんなときに、捕まえないでよ」と心の中でぶつぶつ言いながら、違反チケットが切られるのを待っていました。

そして、チケットを受け取りようやく出発しようとしたとき、後部座席に座っていたカンビル先生が、警察官に、笑顔で「ゴッドブレスユー」（神の祝福がありますように）と言われました。わたしの心のいら立ちは、その言葉で一瞬にして消えたのですが、同時に、カンビル先生は、まさにキリストを見せる人だとわたしは思いました。そして、わたし自身、主の前に悔い改めたことを今でもよく覚えております。

愛する皆さん、主の愛を誰かに伝えたいと思っておられるでしょう。でも主の愛がなかなか相手に伝わらない、家族に、友人に伝えたいのに伝わらないことがあります。

もしそうならば、わたしは、家族に、友人にとって、仕える者だろうか。キリストを見せているだろうか。キリストがわたしの身によって、崇められているだろうか。そう問いかけてみてください。そして、「仕える者とならせてください。主の似姿、仕える者にしてください」と祈りましょう。

昨年11月に、わたしたちの教団の岡田照子牧師が主の御許に凱旋されました。2年前、末期ガンが見つかり、余命数か月の宣告を受けたのです。そのことを知り、照子牧師の叔母様がお見舞いに来ることになりました。これまで、キリストの救いに導こうとしてもなかなか、洗礼の決心に至らなかった方でした。

照子牧師は、病の中、苦しみの中、酸素マスクをつけながらも、これは絶好のチャンスと思い、約1時間ひたすら主イエス・キリストの福音を語り続けました。すると、叔母様は、その場で、イエスを信じると告白されたのです。そして、何とその場で、洗礼式となりました。

病床にある牧師が、訪問に来られた叔母様に洗礼を授けるというすばらしい御業が起こされ、キリストが崇められました。

「生きるにも死ぬにも、私の身によってキリストが崇められることです」の御言葉の通りのことが起こりました。照子牧師はキリストに仕える者として、キリストを見せました。そしてキリストが崇められ、一人の魂が救われました。

愛する皆さん、わたしたちを愛する主イエスは、仕える者として、御自身のすべてを与えてくださいました。それは、わたしたちがすべての人に仕える者となり、わたしたちを通して、キリストが崇められるためです。それが主の愛による輝かしい勝利者の姿です。

コロナ禍は、多くの苦しみを人々にもたらしました。教会に集まることが困難なときもありました。けれども、どんなときも、わたしたちは主の愛によって、輝かしい勝利者として、人々に仕え、キリストを見せることができます。誰かではなく、あなたがその一人となるように、主は招いておられます。

〈聖会Ⅱ〉

神との平和・今立っている恵み・キリストの栄光にあずかる希望

ローマ人への手紙5章1～2節

小西 直也

2020年はコロナに始まりコロナに終わった1年と言っても過言ではないと思います。多くの人が感染し、亡くなりました。また、多くの人が仕事を失い、世界の経済状況も、目に見えないたった一つの小さなウイルスによって完全に崩されてしまいました。未だ、感染が終息していない中、人々が苦しみ、将来に不安を感じています。このような状況を乗り切るために必要なものは何でしょうか。それは「希望」だと思います。

ナチスの収容所生活の体験を持つオーストリアの精神科医ヴィクター・フランクルは、彼の収容所体験から、次のような言葉を述べています。「収容所で、動物以下の扱いを受けたわたしは、寒さ、空腹、苦痛、しらみ、極度の疲労感の中で、死人として生きろと命じられているようでした。しかし、わたしには、希望があったので、生き残ることができました。収容所では、体力の強い弱いに関係なく、希望を失った人たちは死んで行きました。収容所で、希望を失った人は、いわば、自分の内側から死んで行ったのです」。わたしたちは、コロナウイルス感染という目に見えない囲いの中に閉じ込められています。そこから抜け出るために必要なのはやはり希望です。今日は、ローマ人への手紙に記されたパウロの言葉から、主イエス・キリストを救い主と信じるクリスチャンが、どれほど祝福されているのか、信仰によって与えられているものがどれほどすばらしいのか、また、将来に対する希望がどれほど確かなものなのかを、学びたいと思います。今日の説教のキーワードは、神との平和、今立っている恵み、そして、神の栄光にあずかる希望です。

1　神との平和（1節）

5章1節は次のような言葉で始まっています。「こうして、私たちは信仰によって義と認められたので、私たちの主イエス・キリストによって、神との平和を持っています」。パウロは1章から4章の中で、わたしたちは、主イエス・キリストを信じる信仰によって義と認められるという真理を明確にしました。そして、5章からは、イエス・キリストを救い主と信じる者たちが、信仰によって、どのような新しい立場に入ったのかを説明します。新しい立場の第一が「神との平和を持っている」ということです。

この世の中で、もしわたしたちが誰かを敵にして生きるならば、どれほどのストレスを抱えることでしょうか。いつ、どこにいても、誰かが自分のいのちを狙っているかもしれないと思うと心の安らぐ時がありません。ダビデも自分がイスラエルの王になるまでは、サウル王に命を狙われて逃亡の日々を続けていました。大きな不安とストレスを感じていたはずです。人間の敵を恐れて生きることも大変ですが、もし、神を敵として生きるならば、はるかに大変なことです。神を敵にして生きる時、神はいつもわたしたちの罪を責めてきます。そして、「お前の罪は裁かれなければならない」と繰り返しわたしたちに訴えて来ます。

聖書では、人間の罪が借金に例えられていますが、借金をすれば、最後の1円を返し終えるまで、借金取りからの取り立てがあります。「金を返せ」と言われ続けます。これはストレスのたまる生活です。わたしたちは主イエスを救い主と信じる前は、神と敵対関係にありました。別の言い方をすれば、神の怒りがわたしたちの上にとどまっていたのです。わたしたちには、この敵対関係を修復する方法はありませんでしたが、神の側で、わたしたちと和解する方法を計画し、御子イエス・キリストが十字架にかかることによって、ご自身のわたしたちに対する怒りを宥めるようにしてくださいました。神との平和は、神が用意してくださったものです。これによって、わたしたちがこれまで犯してきたすべての罪の問題は解決されました。主イエスの十字架にわたしたちのすべての罪も共に釘付けにされたので、わたしたちは、罪のない者として神から認められることになりました。

ただ、わたしたちは、そのような神との関係を持っていても、病気になります。仕事を失うこともあります。愛する家族を亡くすこともあります。心の平和、平安を失う時があります。だからと言ってわたしたちの神との平和が失われたのではありません。そのような時には、わたしたちは、「神の平安」が与えられることが約束されています。パウロは次のように述べます。「何も思い煩わないで、あらゆる場合に、感謝をもってささげる祈りと願いによって、あなたがたの願い事を神に知っていただきなさい。そうすれば、すべての理解を超えた神の平安が、あなたがたの心と思いをキリスト・イエスにあって守ってくれます」（ピリピ人への手紙4章6〜7節）。神との平和の関係は決して崩れることがありません。ある人は、このことをコンパスに例えて説明しています。コンパスの針はいつも北を指しています。ところが、コンパスを激しく揺らしたり、磁石を近づけたりすると、その針が別の方向を指します。しかし、その状態は長く続きません。コンパスが元の状態に戻ると、針は必ずまた北の方向を指すようになります。わたしたちが持っている神との平和は、たえず北を指すコンパスの針のように、絶対に崩れることはありません。

2　今立っている恵み（2節）

2節に「このキリストによって私たちは、信仰によって、今立っているこの恵みに導き入れられました」と書かれています。２番目は、今立っている恵みに導き入れられたということです。

まず、２節の「この恵み」とは何を意味するのでしょうか。一般的には、恵みとは「受ける資格のない者に神が与えてくださる賜物」のことです。わたしたちが主イエスを信じ、すべての罪が赦されたことは、神の恵みです。しかし、５章２節でパウロが「この恵み」と言っているのは、神との平和の関係に入った者の、現在の生活を指しています。神との平和に入れられた者たちが今立っている恵みです。かつて律法の下に置かれていたわたしたちは、神の怒りを受けるべき者でした。しかし今や、義と認められて、神との新しい関係に入れられました。わたしたちは、天国に行く前から、今すでにこの地上の生活において、神と共に自由に交わることが許されています。

旧約聖書の時代、神の臨在はエルサレムの神殿の最も奥にあった至聖所と呼ばれる場所にあると考えられていました。しかし、そこに入ることができたのはユダヤ教のトップである大祭司ただ一人で、しかも、贖罪の日に一時的に入ることが許されただけでした。その他は、誰も入ることができませんでした。しかし、今、わたしたちは、全知全能の神と、自由に交わりを持つことができます。主イエスが十字架でわたしたちの罪が赦されるために死んでくださった瞬間、神と人間を隔てていた神殿の中の分厚いカーテンが上から下へ真っ二つに裂けました。主イエスの十字架によって、誰もが直接神と交わることが許されるようになったことを表す出来事でした。

わたしたちが誰かと交わる時、その人と一緒に時間を過ごし、おしゃべりをすることで、その人との関係が深まります。わたしたちは祈りとみ言葉によって神と交わります。祈りは神に自分の気持ちを伝えることであり、み言葉は神の言葉を聞くことです。ピリピ書4章6〜7節に書かれているように、わたしたちは、どんなときにも神に自分の願いを伝えることができます。そして、神はその祈りを聞いてくださり、御心に従って祈りに答えてくださいます。

また、み言葉は、神からの語りかけです。み言葉は単なる文字ではなく、それを通してわたしたちに神が語りかけてくださる言葉です。聖書の言葉を自分に語りかけられた言葉として読むと、不思議に自分の心に迫って来ることがあります。自分がその時に直面している状況に必要な言葉を神は聖書を通して与えてくださるのです。

実は、先週わたしの母が94年の生涯を終えて天に召されました。母は、家族の中でわたしに続いて2番目にクリスチャンになりました。母の50歳の誕生日の日でしたが、その日以来、母は毎週教会に行くようになりました。体が動かなくなるまで、信仰一筋の生涯を送りました。ただ、母が教会に行くようになると、そのことに不満を感じた父が、突然、母に対して非常にきつく当たるようになりました。わたしが自宅の自分の部屋にいると、よく父が母を怒鳴っている声が聞こえてきました。ある日、母が耐えられなくなってわたしの部屋に駆け込んで来ました。わたしは、「とにかく聖書を読もう」と言って聖書をぱっと開くと詩篇の言葉が出て来ました。何篇か忘れたのですが、とにかくそれを読んで、二人でお祈りをしたら、母が「もう大丈夫」と言って部屋を出て行きました。み言葉と祈りによって母の心は落ち着きました。その時、わたしたちはみ言葉に励まされ、祈りを通して神の平安が与えられたのです。その後もしばらく父からの厳しい言葉は続いたのですが、ついに父も神の前に降参して、母が信じた5年後にクリスチャンになりました。このように神と交われることは、わたしたちにとって本当に大きな恵みです。

わたしたちは、この恵みに、キリストによって導き入れられたと書かれていますが、ギリシャ語では、「わたしたちは、キリストによって、この恵みに入るアクセスを手に入れた」と書かれているのです。アクセスとは、「ある場所に入る権利」とか「ある場所に自由に入れること」という意味です。わたしたちには、もともと、神と自由に交わる立場に入ることは許されていなかったのですが、キリストのおかげで、その立場に自由に入ることができるようになったのです。わたしは牧師になる前に在日カナダ大使館で働いていました。ある時、カナダ大使の通訳として、NHKの会長に会いに行く時に同行しました。わたしは単なる職員にすぎないのですが、大使の隣に立っているおかげで、会長室まで多くのドアを一度も自分で開けることなくたどり着きました。すべてのドアはNHKの方が開いてくださったので、まるで自動ドアを通るかのように会長室の中に入ることができました。それはカナダ大使が共にいたからでした。そのように、キリストのおかげで、わたしたちは、自由に、神との交わりに入ることができるようになりました。それが、わたしたちが、今、立っている、恵みの生活なのです。しかも、この「立っている」と訳されている言葉は普通に立っているというよりも、しっかり足を踏ん張って立っているという意味で使われる言葉です。例えば、パウロはエペソ書6章で悪魔の働きに対抗してしっかり立ちなさいと書いていますが、この言葉が繰り返し用いられていて、すべて「堅く立つ」と訳されています。それは、わたしたちが今立っているこの恵みは、周りの状況で揺れ動くようなものではなく、絶対に変わることのない恵みであることを表しています。

わたしたちは今、キリストによって与えられたこの恵みをどのように活かして生きているでしょうか。この恵みを用いないことは本当にもったいないことです。

3　神の栄光にあずかる望み（2節b）

パウロは2節の後半で、わたしたちの将来に関係することとして「神の栄光にあずかる望み」について語っています。「そして、神の栄光にあずかる望みを喜んでいます」。パウロは、すべてのクリスチャンは、将来、キリストの栄光を着せていただくという揺るがない希望が与えられていると教えています。２０２０年に突然、コロナウイルスの感染が全世界に広まって、世界の状況は一変しました。以前のような生活がいつ再開できるのかまったく分かりません。それだけでなく、世界の各地で、紛争が続いています。ニュースを見れば、わたしたちの心は暗くなりがちです。しかし、聖書は、クリスチャンは将来に対して不安を持つ理由はなく、むしろ揺るがない希望が与えられているのだから将来を喜ぶべきだと教えています。なぜかと言うと、最終的に、わたしたちはキリストが持っておられる栄光を共に持つ者になることが約束されているからです。

パウロは「神の栄光にあずかる望みを喜んでいます」と言っていますが、ここで喜ぶと訳されている言葉は、パウロがピリピ人への手紙で繰り返し用いている「喜ぶ」という言葉とは違う言葉が使われています。また、この言葉は他の個所では、「誇りとする」、「自慢する」と訳されています。したがって、この言葉は、単に喜ぶということに加えて、それを持っていることを自慢できるほど確実なものであることを意味しています。

というのは、わたしたちは、確実ではないものを誇りに思ったり、自慢したりすることはできないからです。神がわたしたちに与えてくださる希望は、実現するかどうかわからないような希望ではなく絶対確実な希望です。希望という言葉は英語では「hope」ですが、英語のhopeという言葉は、あまり強い意味を持っていません。英語でI hope soと言えば、「そうだったらいいけど」と言った雰囲気で、むしろそうならないのではないかと考えて使っていることが多いように思います。日本語でも「希望的観測」などと言いますが、わたしたちが普通使っている「希望」という言葉にも同じような少しネガティブなニュアンスが含まれているように思います。

しかし、聖書が教える「希望」はまったく異なっています。聖書では、希望は確かなものです。偽ることのない真実の神が永遠の昔から約束しておられるものですから、100％確実なのです。

聖書は、わたしたちが「キリストの栄光にあずかる」と約束しています。「キリストの栄光を見る」という約束ではありません。パウロは、おそらく人生で二度キリストの栄光を見たと思います。一度は、彼が回心した時です。熱心なユダヤ教徒であったパウロは、クリスチャンを捕らえようとダマスコに向かっていましたが、その途上、復活の主イエスと出会いました。この時、パウロはキリストの栄光を見て目が見えなくなりました。もう一度は、第二コリントの12章に記されていることです。彼は、ここで、第三の天まで引き上げられた人のことを語っていますが、おそらくこれはパウロ自身のことです。彼がそこで見たキリストの栄光はあまりにもすばらしく語ることが許されず、彼は体に一つのとげが与えられました。それほど、彼が見たキリストの栄光はすばらしいものだったのです。しかし、ここでは、わたしたちは将来キリストの栄光を見るとは約束されていません。キリストの栄光にあずかると約束されています。あずかるということは受け取るということです。わたしたちが、将来、天に上げられる時に、わたしたちの外側の体も、内側の心もすべてがキリストと同じ姿に変えられるという約束なのです。わたしたちはクリスチャンになって、以前とは違う生き方をするようになりましたが、神の前に神と同じ完全な心を持つことはできません。クリスチャンになっても、自分の心の汚れを示されて落ち込むことがあります。自分が嫌になることもありますが、やがて、わたしたちは、天において、キリストとまったく同じ心を持つ者に変えられるのです。

だから、もはや天においては、争いもなく苦しみもないのです。また、キリストが復活された時、主の体は、見た目には同じでしたが、まったく質が異なる栄光の体をもって復活されました。だから、復活後の主イエスの行動は、十字架にかかる前と違って、突然別の場所に現われたり、扉が閉じられた部屋に入ってこられたりしたのです。主イエスは、初穂としてよみがえられたと書かれています。したがって、わたしたちも、主イエスと同じように、今の朽ちる体とは異なる、主イエスの復活の体と同じ、栄光の体が与えられるのです。わたしは、自分で勝手に思い込んでいることがあります。人が天国で栄光の体を与えられる時、いったい、何歳の時の自分の体が与えられるのでしょうか。もし、死んだときの体で復活したら、天国は老人ホームみたいになってしまいます。

わたしたちは、主イエス・キリストを救い主と信じる信仰によって、罪が赦され義と認められ神の子となる特権が与えられました。それに伴って、わたしたちは3つのすばらしいものが与えられました。それが、神との平和であり、今立っているこの恵みであり、将来神の栄光にあずかるという望みです。この3つによって、わたしたちの過去も現在も未来も、すべて神によって守られています。わたしたちは何も恐れる必要はありません。コロナの影響はまだしばらく続くでしょうし、わたしたちの将来がどのような状況になるかまったくわかりません。しかし、わたしたちは、この3つのものをしっかり握りしめて、この時代を乗り越えて行きたいと思います。

〈聖会III〉

主を喜ぶことは力

錦織　寛

ネヘミヤ記8章1〜12節

イスラエルの民は、その罪と背きのゆえに、神に与えられた約束の地を失い、バビロンに捕囚の民となりました。エルサレムの城壁は崩され、美しいエルサレムの神殿は破壊されました。しかし、主はそんなイスラエルの民をもあわれみ、ゆるして、約束の地に帰らせてくださいました。彼らは神殿を再建し、崩れていた城壁を築きなおしました。多くの困難があった中で、この事業が完成したことは、ネヘミヤと帰還の民に大きな喜びを与えたことでしょう。「ああ、終わった終わった、ああ大変だった、しばらくぼーっとさせて……」とは民は言いませんでした。民はひとりの人のように集まって、律法の書を読んで欲しいとエズラに求めたのでした。

1　力は御言を聞くことから

この時代、聖書は読むものではありませんでした。聞くものでした。印刷などはありませんので、聖書は注意深く転写されたのです。ですから自分で聖書を読むというのには聖書は貴重すぎました。彼らは注意深くそれを聞き、それを頭の中で何回も思い返したり、また言葉に出して復唱したりしたのです。

エズラがそこに立って律法の書を開くと、民は起立してそれを聞きました。律法が明瞭に読まれ、むずかしい言葉が出て来ましたら、それを解き明かしました。そして民はその御言《みことば》を悟ったのです。悟った、とはどういうことでしょうか。それは神が自分に与えられた言葉として聞いたのです。イスラエルの民を他の民と分けるのは何だったのでしょうか。分けるとは、まさに聖別するということです。それは神の御言を聞く民として生きるということだったのです。

御言を悟って人々はどうなったか。人々は泣いた、そう9節には書かれています。なぜ御言を聞いて悟った人々は泣いたのでしょうか。律法には、神さまの御旨が示されていました。そこには神がどんなにすばらしい祝福を備えてくださっているかが書かれていました。神がイスラエルのために約束の地を備えてくださること、その地は祝福で満ちた、乳と蜜との流れる地であることが書かれていました。しかし同時に、人々が神に背き、神に逆らって生きる時に、どんなに恐ろしいことが起きるかもそこに書かれていました。ここで神の律法を聞いていた人々は、神さまの約束の地に住んでいました。しかし同時に、彼らは完全な独立を与えられているわけではない。いわば、神さまの約束された祝福の姿からはずいぶん違っているのです。しかし、彼らは知っていました。また聞く中で明確に知ったでしょう。自分たちが、このような困難のなかに置かれているのは、またエルサレムの町が火で焼かれ、イスラエルの民が地の果てまで散らされて行ってしまったのは自分たちの罪の結果であることを。時に、御言が私たちに厳しく迫ってきます。しかし同時に、私たちの力はまさに神の御言から来ることを私たちは覚えていたいと思います。聖なる生涯を歩みたいと思ったら御言の前に立つことです。御言に聞くことです。

2　力は主を喜ぶことから

律法の言葉を聞いて泣いている人たちに、学者エズラやレビ人たちは、「おい、ちょっと待って……」と言います。民を静めます。そんなに泣くなら、ちょっとおいしいもの食べて、甘い物食べて、そして戻ってきなさい、と言ったのです。私たちは「？？？」と思います。御言を聞いて泣いている。あ、何と美しいのだろうと、思うのです。しかし、主に仕えるリーダーたちは、「ストーップ！！！」と言います。な、なんでここで止めるのと私たちは思います。ところが指導者たちは言うのです。今日はそういう日ではないから、と言うのです。この日は聖なる日だ。泣くのストップ！憂えるのストップ！

皆さん。聖会って好きですか。聖会が好きな方々がここに来ておられるのだと思います。ただ、聖会って何で好きですか。聖会ってそこで涙の悔い改めをして、そして、悲壮な決意をして献身する時だから……。でも、そのなんとなく悲壮感の漂う重い空気に、ちょっと聖会苦手という方々もおられることを知っています。ただ、私たちが、神の民なのだ、神の聖なる民なのだということはどういうことかというと、神を喜ぶ民なのだということなのです。新改訳聖書では「あなたがたの力を主が喜ばれるから」とあり、「主を喜ぶことはあなたがたの力」というのが別訳で欄外に書かれています。

神の民って、神の聖なる民って何かと言ったら、神の聖なる民の力の出所は主を喜ぶことだ。主を喜び、主を見上げて讃美していると力が出てくる。確かにいろいろな困難はあるだろう。自分は弱くていろいろな失敗を今までもして来たし、きっとこれからもするのだろうと思う。でもこのお方を見ていたら力が湧いてくる。喜びが湧いてくる。なぜなら、この主は私を愛していてくださる。なぜならこのお方は私を見捨てない。なぜならこの主はわたしを救い、聖別してくださる。なぜならこのお方は失敗しない。そんな強いお方がいてくださる。確かに泣かなければならない時もあるでしょう。しかし、このお方を見つめていたら、喜びが湧いてくる。力が溢れてくる。12節には今度は、大いに喜んだと書かれています。読み聞かされた言葉を聞いてさっきは泣いたけれど、今度は喜んだ。本当に主が言っておられることがわかったからです。

3　力は主に従うことから

さて、律法の言葉を聞いて、イスラエルの民は、7月の祭りの期間は、仮庵に住むようにと書かれているのを見いだします。7月にはイスラエルの民は仮庵の祭を守りました。これは、言うなら掘っ立て小屋に住むのです。それは神が自分たちを荒野の四十年、天幕暮らしを続けていた間も養い守ってくださったということを記念する時です。正直に言いましょう。イスラエルの民はやってなかったのです。聖書に書いてあるのに、読んでいなかったし、それをやっていなかったのです。そして聖書を悟り、主を喜んだ民は、聖書に従いたくなったのです。ああ、いやだなあ、でも仕方がないから仮庵作ろうか……というのではありません。正直言って、ヨシュアの時代からやっていなかったというのです。千年近くやっていなかったのです。いまさら、とも思います。しかし神の民は、御言を悟り、主を喜んだ時、主の御言に従いたくなったのです。主の御言に従っていると、ますますうれしくなってくる。ますます力が湧いてくる。あなたの生涯が変わっていく。なぜ従いたくなったかというと、神さまが本当に自分たちを愛していてくださるということを知ったからです。

そして彼らは主を讃美し、また自分の罪と先祖たちの罪を悔い改めたのでした。主がそのことを願っておられるということを知ったからです。

私たちは主の前にもう一度出たいと思います。御言を聞くというところから建て直さなければならないのではないでしょうか。主の恵みを見つめて、主を喜ぶことを始めなければならないのではないでしょうか。そして、主の御言に従う一歩を踏み出すことを、主は求めておられるのではないでしょうか。

〈青年大会Ⅰ〉

神が召すとき

大嶋 重徳

イザヤ書6章1〜13節

はじめに

自分の信仰生活を振り返って、信仰の成熟を経験したと思える時や、神ご自身のことを深く教えられたという時は、わたしが自分自身の生活を自信たっぷりに歩んでいたとか、「最近、信仰生活がうまくいっているなあ」と思う時ではありませんでした。むしろ自分に欠けが多く、なんと未成熟で高慢であったか、愚かな罪人であったかということを教えられた時にこそ、神の恵みがどのようなものかを知らされ、深く成熟への歩みを重ねてくることになったように思います。

今日、神がご自身の成熟へのご計画にわたしたちを召しだされる中で、人が必ず通らなければならない歩みについて、イザヤ書6章から教えられていきたいと願います。

イザヤの見た幻

1節に「ウジヤ王が死んだ年」とあります。この年、イザヤは幻を見ます。それは神殿の中でした。イザヤはわたしたちと同じく、神を礼拝していたのだと考えられます。そのとき彼の目の前に突如、高く上げられた神の御座が現れました。神殿の中は神の臨在を現す煙で満ち、神殿の敷居は揺れ動いていました。そしてその御座の上にはセラフィムたちが、高らかに神を礼拝し、神のきよさを賛美していたのです。「聖なるかな。聖なるかな。聖なるかな万軍の主」。そこでイザヤは、セラフィムと共に神を賛美したのではありません。イザヤは、「ああ、わたしは滅んでしまう」（5節）と告白せざるを得ませんでした。神のなさることとその召されるタイミングの全てに神のご計画があるならば、この時点で神はイザヤに語らなければならないことがあったのです。神の召しがイザヤに起こりました。

イザヤの生きていた時代

ウジヤ王が死んだ年は、紀元前７４０年頃と言われています。イスラエルは分裂王国となっており、その信仰は崩壊していました。紀元前７２１年には、北イスラエルがアッシリアに滅ぼされてしまいます。イザヤの住んでいた南ユダにも北からアッシリア、南からはエジプト、さらに連合勢力が攻め上がってきていました。ウジヤという王は、歴代の王の中で善王として数えられていますが、その晩年には祭司の務めを自らが行い、神の裁きを受けました。そして最後は不運の死を遂げてしまい、ユダの国内も隣国からの圧力で政治的に不安定な状況となっていました。さらにイザヤ書1～5章は、6章の記事の前後の預言とされていますが、そこには偶像礼拝、宗教的偽善、姦淫、不品行がはびこり、宗教的頽廃が国中に起こっていたことが記されています。この当時、イザヤの目の前には形だけの礼拝をする民がいたのです。

預言者イザヤの欠けていたもの

イザヤ書1章1節を見ますと、イザヤがウジヤ王の生きている時代に神の幻を見、預言を始めていることが記されています。すでに預言者としての活動を始めていたイザヤにとって、ユダ王国の状況はどのように映ったでしょうか。恐らく、彼はユダの国に対して嘆き、怒り、失望し、裁きのメッセージを語ったでしょう。イザヤが語った怒りのメッセージの内容は確かに間違ったものではなかったことと思います。

しかし、神はそのような預言者イザヤに現れなければなりませんでした。預言者として欠けていることがあった、彼に語らねばならないことがあったのです。

人は神の救いにあずかり、熱心にその信仰を燃やすとき、同時に熱心に人を裁くようになることがあります。周りにいる信仰者が罪を犯す姿に怒り、その堕落に憤り、裁きの言葉を発してしまうことがあります。しかし、その心情の背景には「自分は違う」という思いがあり、「自分は罪人ではない」

という自己肯定の思いがあります。罪を犯すその人と自分は違うところにいるのだという意識が、人を裁く。そこには罪を犯してしまうその人への愛は含まれていません。

唇の汚れた者という告白

イザヤにはその自分の罪の自覚、罪人の中の一人だという自覚が欠けていました。神はご自身のきよさをイザヤの目にはっきりとお見せになり、イザヤにそのことを気づかせるのです。その時、イザヤの口から出た言葉「ああ、わたしは滅んでしまう」（5節）は、「ああ、わたしはもう死ぬ」と訳した方が良いと思います。

わたしたちが神のきよさの前に立たされた時、自分で誇るものは何ひとつ誇ることはできなくなります。むしろ「もう駄目だ。わたしは死ぬしかない」と、自分の罪深さ、愚かさに気づかされるのです。

イザヤの口からは、続いて「わたしは唇の汚れた者です」という罪人の告白が出てきます。イザヤは自分の罪を「唇の汚れ」と表現しました。「唇の汚れ」とは原罪的な罪を指す言葉です。神の前に立った時、言葉をもってイスラエルの民を攻撃し、裁き、熱心に訴えていたそんな自分の存在全てが罪であったと気づいたのです。自分自身は神の前に立つこともできない罪人だった。死ぬしかない者だ。彼は、神の前で自分の高慢が砕かれたのです。「わたしこそ、唇の汚れた罪人です」。

クリスチャンは自らが罪人であるということを徹底的に知らなければなりません。そうでなければ、自分が何かできるのだ、自分はあの人とは違うと裁き始めます。わたしもクリスチャンになり、教会の奉仕も張り切ってしていると教会の問題が見えてきて、牧師に「あの人のここが問題だ」。すると、牧師が「大嶋君、君はまだ罪人ということが分かっていない。君はもっと罪人になれ」と言われたことがあります。

唇の汚れた民の中に住んでいる

さらにイザヤは告白します。「わたしは唇の汚れた民の間に住んでいる」。彼には自分もまた神の前に罪を犯すイスラエル共同体の一人なのだという自覚が必要でした。預言者は、民の外にいるのではありません。民の真中にいて、民の罪の中で神の言葉を預言するのです。そこに住む民を愛し、民と共に生きなければ預言者としての職務は果たせないのです。彼はこの時、民の罪の連帯の中にいる自分を発見したのです。「わたしも同じ罪人だ……」。神はイザヤをこの告白に導かれたのです。

イザヤに起こった赦し

6節は「すると」と始まります。この「すると」を軽々しく見逃すことはできません。見逃すと「わたしだけが悪いんです」というスーパー偽善者になってしまいます。イザヤに起きた裁きと同時に、「すると」という言葉とともに、神の側の一方的な救いの業が起きるのです。

セラフィムの手には、火鋏で取った祭壇の燃え盛る火のついた炭火がありました。それは神殿の祭壇で何千頭ものいけにえが捧げられ、血が流されたことによってできた炭火でした。その贖いの炭火をセラフィムはイザヤの唇に当て、言いました。赦しの宣告でした。「もう駄目だ」と自己崩壊した者が神の前で罪のない者とされたのです。

この「赦された」という言葉は祭儀的な意味の言葉で、いけにえが捧げられた後、祭司が赦しの宣言をする時の言葉です。「もう神の目からその罪は拭い去られて存在しない」という宣言。この驚くべき神の憐れみと一方的な救いの業により、イザヤは完全に罪のない者とされました。「もう死ぬ」と言ったイザヤが生き返るのです。

遣わそうとされる神の声

さらにイザヤは驚くべき神ご自身の声を聞きました。「『だれを、私は遣わそう。だれが、われわれのために行くだろうか。』私は言った。『ここに私がおります。私を遣わしてください。』」(8節)。神の赦しはいつも派遣と共にあります。

ある時、わたしの友人がこう言いました。「俺が本当に神に赦されたと分かったのは、神がこんな罪人でどうしようもない者にもかかわらず、俺を使いたいと言われた時だ……」。

わたしも一度母親からお使いを頼まれて、千円を持ってスーパーに卵を買いに行ったんですが、レジに並ぶとポケットに入れていた千円がない。「千円なくしたー」と泣いて帰ると、「なにしてんのお。もういいよ。ゆるしたから」と言われても、その後千円がもう一度渡されることはなかったのです。

わたしたちは、一度失った信頼を取り戻すことはなかなかできないということをよく知っています。しかし、神はもう一度信頼し、しかも神の最も大切な、神の民を任せようとされるのです。イザヤは、赦しと同時に神の召しを受けました。この時のイザヤの「ここにわたしがおります。わたしを遣わしてください」という言葉は、決して自分に自信があるから言ったのではないでしょう。自らの信仰の成長に自信があったから言ったのでもありません。「こんな罪人を救ってくださった。この神がこんな者をも用いてくださるなら、どうぞ使ってください」と、神の愛に対して立ち上がってくる信仰の応答でした。「ここに、わたしがおります。わたしを遣わしてください」。

心を固く閉ざせ

しかし9、10節「すると主は言われた。『行って、この民に告げよ。「聞き続けよ。だが悟るな。見続けよ。だが知るな」と。この民の心を肥え鈍らせ、その耳を遠くし、その目を固く閉ざせ。彼らがその目で見ることも、耳で聞くことも、心で悟ることも、立ち返って癒やされることもないように』」。

イザヤに聞こえてきたのは神の驚くべきメッセージでした。「行け。この民に語るが良い。よく聞け、しかし理解するな。よく見よ。しかし悟るな」。民の心を頑なにするメッセージを語れというあまりにも衝撃的な神の召命の実際でした。

いつまでですか

イザヤは聞きます。「主よ。いつまでですか」。わたしはイザヤが「主よ、なぜですか」、「主よ、どうしてですか」と聞かなかったのかと疑問に思います。わたしなら「なぜ、そんな理不尽なことをさせるのですか。主よ、そんなつらいことをさせる理由を聞かせてください」と聞いてしまいます。

しかし、イザヤは「主よ。なぜですか」とは問わず、「主よ、いつまでですか」と問いました。このイザヤの「主よ。いつまででしょうか」とは、イザヤの中にある「こんなわたしのような者が救われたのだ。それならば、あのユダ王国にいるわたしと同じ民が救われない筈がない」という、神の主権への信仰があったのだと思うのです。

「主よ。いつまでですか」は、「いつまでそれをすればよいですか。そしてわたしがあなたのきよさの前で罪赦されたように、このわたしと同じく唇の汚れた民と共にいつあなたを礼拝できるのですか」というイザヤの祈りの問いでありました。

イザヤは「わたしは唇の汚れた民の中にいる」と言いました。この召命の出来事でイザヤは、イスラエルの罪の中にいる自分を知りました。それと同時にイザヤは自分に与えられた救いの恵みもイスラエルの民と共にしたかったのではないでしょうか。彼に起こった救いの事実は、イザヤ個人に留まらなかったのです。「わたしだけが救われればいい」のではない、イスラエルの救いのために彼は神に問うたのです。

聖なる切り株

11～13節が、そのイザヤの問いに答えられた神の言葉です。町々は崩れ去り、国は見捨てられる。十分の一が残されるがやがてそれも焼き尽くされる。あまりにも酷い状況がイザヤを待っていました。イザヤはもしかするとそれが自分の生きている時代ではないことを直感したかもしれません。事実、その後は6章の時点よりもさらにひどい状況が国を襲い、ユダ王国は神の言葉どおりに完全に滅び去ります。イザヤはその生涯を命懸けで預言していくのです。

しかし、イザヤの預言の中心はこの「それでも切り株は残る」、「その切り株は聖なる種子である」というキリスト預言に集中していくのです。わたしたちの希望はキリストにある。

これはイザヤの預言の中心です。これらの預言はイザヤに起こった、神の前に霊的に死んだ筈の自分が神の一方的な憐れみにより、生き返った事実によっているのであり、そしてあの罪人を赦してくださる神の愛と憐れみがイザヤの中に根付いていたのであり、この罪深い自分をもう一度神の栄光のためにお用いくださるという事実が、イザヤの預言の確信であったのではないでしょうか。

イザヤは自分の息子に「シェアル・ヤシュブ」、「それでも残りの者は帰ってくる」と名づけました。彼は信じたのです。聖なる種子を信じ、期待したのです。そして神の子としてこの地上に来られたイエス・キリストは、そのイザヤの祈りと預言を余すことなく成就された神ご自身でありました。

未信者の父に送り出されて

わたしの母親は、クリスチャンになった後、未信者の父のもとに嫁いできました。熱心な日蓮宗の家でした。祖父母同居のなかで姉とわたしと妹の三人に信仰を伝えようと一生懸命に教会に連れていってくれました。しかし教会で覚えた食事の祈りも、家の中ではおじいちゃん、おばあちゃんに見えないようにこっそり祈ったりと、子どもながらに「信仰を持つとは簡単なことではないな」と思っていました。

しかしある時、「この家で信仰生活ができない」と、家を出ようとしたことがあったようです。わたしも泣きながら母が当時乗っていた軽自動車のアルトに乗せられたことをおぼろげに覚えています。しかし母が最後に振り向いて家を見た時、母の目にどのように見えたのかはわかりませんが、家の上に十字架が見えたと言うのです。「わたしはこの家の主だよ。この家族のために十字架にかかったんだよ」と、そう母には聞こえたし、そう見えたと言うのです。

またわたしの献身のときも、親戚からは「大嶋の家からオウムが出るのか」と言われ、また大嶋家代々の墓をどうしたらいいのかと父が眠れない夜を過ごしていたようです。すると母はわたしに手紙を書いてきて、「お父さんをこんなに苦しめてもあなたは献身するのですか。それでもあなたはクリスチャンですか」(笑)。しかし一人教会で祈り、「神の賜物と召命は変わることはない」という御言葉のもと、この決心を実家に帰って話そうとしました。すると母は帰ってきたわたしを呼んで、「今日、あんたが帰ってきて、何を言うかわたしにはわかってた。だからあんたが行かんでもええという御言葉をくださいと聖書を読んでた。でもどこ読んでも、どこ読んでも、息子を送り出せとしか書いてないんやーん」。少し知恵を使えば、「聖霊が留められた」とか「向きを変えて進め」とか、そういう聖書の個所はあります。しかし母の信仰はそんな風に読むことはできなかったのです。

その夜は、姉も妹も家に帰ってきて家族会議でした。なぜかすき焼きだったのを覚えていますが……。そして「KGKの主事になる」と父に伝えました。すると父は「正直おめでとうとは言えない。しかしお前が帰ってこられる家でありたい。だからよかったな、と言ってお前を送り出す」と右手を差し出してくれたのです。わたしはその手を握り返しながら、「この家の主が神でなければ、父からこの言葉は聞くことはできない」と本当に強く実感させられたのです。わたしはこのノンクリスチャンの父からもまた伝道の現場に送り出されていることを誇りに思っています。

心を頑なにする民の中で

わたしたちを取り囲む状況は、イザヤの時代と同じように心を頑なにする民がいるように見えます。いくら伝道しても誰も聞いてくれない。

しかし、今朝、わたしたちがイザヤと同じように「主よ、いつまでですか」と聞くならば、わたしたちは「聖なる裔、その切り株があなたに与えられているだろう。あなたに起こったキリストの血が流された十字架がそれだ。あなたは十字架によって罪に死んで、今新しく生かされたその救いが、あなたのうちにはっきりと芽生えている。そして今このキリストの救いは、あなたから始まっていくのだ」と答えられる神の声を聞くのです。

「わたしのような者が救われたのだからこそ、神はあの人にも救いを与えてくださる」という信仰を、約束を、わたしたちは神からはっきりと受け取りたい。そして「ここにわたしがおります。わたしを遣わしてください」。主に静かにお応えしようではありませんか。

〈青年大会Ⅱ〉

まだ若いと言うな

大嶋　重徳

エレミヤ書1章1～10節

エレミヤの人生

わたしは「悲しみの預言者、嘆きの預言者」と呼ばれるこのエレミヤが、預言者の中でもとても好きな預言者です。ある聖書学者は「イザヤ書でイザヤの描く苦難のしもべこそキリストを指し示し、悲しみの預言者エレミヤの人生の中に、キリストの生涯が見える」と言いました。エレミヤはその人生を通して、イエス・キリストご自身の苦難の姿、御言葉に生きる姿を映し出した預言者と言える人でした。

田舎のアナトテ、冷遇された祭司家庭にエレミヤは生まれました。さらにエレミヤの生まれた時代は、南ユダ王国で55年という最も長い間王として君臨した、悪王として名高いマナセの治世でした。55年は、ある時代の価値観を十分形成することのできるほどの期間です。

マナセは隣の大国アッシリアの異教の影響を強く受けました。マナセは王になると、父ヒゼキヤが打ち壊した偶像のための聖所を丁寧につくりなおしました。さらにエルサレム神殿の中にも偶像を築き、神殿内では宗教的な売春のできる場所をつくり、子どもを火の中にくぐらせるアッシリアの占いや、霊媒や口寄せのようなことも行いました。神に仕える祭司たちが迫害された時代だったのです。このマナセの暗黒の半世紀の後半にエレミヤは生まれ、幼い頃からこの時代にまことの神を信じる悲惨さを見聞きしてきました。田舎で冷遇された祭司の父を持ち、真剣に信仰を持って生きるなんて周囲からも馬鹿にされ、迫害される時代の中で、彼は幼少時代を過ごした訳です。

幼いころからクリスチャンが周りを取り囲む環境に育った人は少ないと思います。母がクリスチャンであったわたしも気がつくと「周りと違う……」、「教会に行ってるってクラスで俺だけ……。うん、何かおかしいのかな」。マナセ王の時代のように、周囲には様々な宗教が取り囲み、自分と自分の親の信じている信仰って、数ある宗教の中のひとつに過ぎないのか……と思う訳です。

また友人の「へえー教会に行ってるんだあ」という言葉の裏に、どう思われているかわからないという思いが、自分の内側を占める。「うん、でも変なんじゃないよ」と変に動揺する。やがて「日曜日、どこにいくの」。「うん、ちょっと……」というようになる訳です。自分の住んでいる地域の中でクリスチャンは自分一人だけ、今日ここに集うわたしたちも、この時代に信仰を持って生きることのむずかしさを心に刻み付けてきたのではないでしょうか。

エレミヤにあった主の言葉

エレミヤが20歳前後の頃ですが、主の言葉がエレミヤに語られました（4～6節）。彼は「わたしは若いですから」と神からの言葉を拒みます。「若い」という言葉には「経験不足」や「無力」という意味が含まれています。彼は「自分には経験がありません。実力もありません」。そう神に答えるわけです。

何より幼い頃から彼が見てきた時代、周囲の社会の神を神としない人々に向かって神の言葉を預言しても「受け入れられやしない、拒まれるだけだ」という失望に満ちていたことと思います。6節の「ああ、神、主よ」という言葉はエレミヤの失望を表現していますし、8節に神から「彼らの顔を恐れるな」と語られているように、エレミヤはこんな時代に預言者として生きることへの恐れを持っていたのです。

神の選び

大切なことは、神がエレミヤをどのように見つめておられたのかということです。神がエレミヤを見ておられる眼差しから、三つのことを聞きましょう。

まず第一は、「わたしは、あなたを胎内に形造る前からあなたを知り、あなたが母の胎を出る前からあなたを聖別し、国々への預言者と定めていた」(5節)。

神はエレミヤを「母の胎内に形造る以前からよく知っている」とおっしゃいました。「聖別した」とは「とりわけた」、「選んだ」という意味です。ここで注目したいのは、神が選ばれるのは、エレミヤのような「弱く、脆く、自信のない存在」だということです。神は「説得力のある人物、時代に影響を与え得る人物」を選ばれるのではないということです。

わたしたちは、神の永遠の深さの中で、聖別し、選んでおられるのは、実に「若く」、「経験がなく」、「自分に自信がなく」、「失望感」に満ちたエレミヤであったということを覚えたいと思うのです。第一に神は愚かで無力な者を用いられる方だということです。

若いというな

第二に主がエレミヤに語られたことは、「まだ、若いと言うな。わたしがあなたを遣わすすべてのところへ行き、わたしがあなたに命じるすべてのことを語れ」(7節)ということでした。

大切なことは神ご自身が「わたしが成すのだ」と言われていることです。神が見ておられるのは、エレミヤの欠点でも、エレミヤの自己認識でもなかったのです。

わたしたちもまた神に様々な言い訳を持っています。「わたしには賜物がありませんから」、「わたしはクリスチャンになって間もないから」、「わたしはいつも罪ばかりを犯して、いいクリスチャンではありませんから」。あるいは「もう若くはありませんから」と言うかもしれません。

しかし大切なことはあなたの才能や、あなたの自己認識ではない。神が「わたしが、あなたを遣わす」ということであり、神が語られる「わたしがあなたに命じるすべてのこと」なのであり、「わたしがあなたとともにいて、あなたを救い出す」ことなのであり、９節「主は御手を伸ばし、私の口に触れられた」ことであり、「わたしは、わたしのことばをあなたの口に与えた」ことなのだと仰せられるのです。

あなたの言う「わたし」が問題なのではなく、神の「わたし」、神の見ておられる目が大切なのです。わたしたちは「わたしたちの判断」ではなく、「神のものの見方」、「神の判断」を信じるか、これに従うか、ということです。

わたしも自分自身を見つめていると、「自分のような者が伝道者をやっていちゃいけないなあ」と思い、落ち込むことがよくあります。しかし神は「俺がお前を選んだのだ。がたがた言うな」と言われるのです。神は、その場所で「わたしはあなたと共にいる」。必ず「わたしはあなたを救い出す」。必ず「あなたの口にわたしの言葉を授ける」と仰ってくださるのです。

遣わされる神

そして第三は、神さまがわたしたちを遣わそうとされるということです（7～9節）。

エレミヤは幼い頃、「なぜ、こんな場所で生まれたのだろうか。なぜ自分の親は祭司なのだろうか」と考えたことがあったのではないかと思います。わたしも母親がクリスチャンで、幼いころから教会に行き、聖書の言葉に触れ、何をしたら罪かということを教えられました。いつも「こんなことを聞かなかったら、もっと俺は自由にやれただろうに。友達が好きにやっているように、思う存分、何の後ろめたさもなく、やれたのに…」と思っていました。しかしその親のもとに生まれさせたのも、クリスチャンがたった一人の家庭に遣わしたのも、あなたをその職場に遣わしたのも神のご計画だということです。

またエレミヤは、「なぜ、こんな場所に、こんな悪い時代に生まれてしまったのだろう」と思っていたことでしょう。神は、たまたまその時代にエレミヤを生まれさせたのではありません。神の歴史の中で、神はエレミヤを選び、その時代に遣わされ、エレミヤを預言者として立てられたのです。わたしはやがて、日本にも神を信じ、救われる人がたくさん起こされると信じています。しかし神はそのような時代にわたしたちを生まれされるのではなく、この時代に、クリスチャンが決して多くはないこの日本に生まれさせ、母の胎の中から選び、育てておられた。神はどの時代に生きるかということも、計画の中で派遣される方です。

エレミヤを突き動かし続けた神の言葉

「そのとき主は御手を伸ばし、私の口に触れられた。主は私に言われた。『見よ、わたしは、わたしのことばをあなたの口に与えた。見なさい。わたしは今日、あなたを諸国の民と王国の上に任命する。引き抜き、引き倒し、滅ぼし、壊し、建て、また植えるために』」（9～10節）。主はここでエレミヤに、神の言葉をその口に授けられました。そしてエレミヤの人生に使命を与えられたのです。「本当の必要なもの以外は抜き取り、壊し、滅ぼし、破壊するように。そして、神の言葉だけが建てあげられるように、神の言葉が植えられるように」と語られました。この言葉はエレミヤ書全体を貫く言葉です。何度もこの言葉がエレミヤ書で語られます。エレミヤはこの神の言葉に捕らえられたのです。この神の言葉によって突き動かされた。この神の言葉によって、これから後の30数余年の生涯を預言者として生きていくのです。

あなたに惑わされた

彼はその預言者生活の中で、御言葉を語り伝えてもいつも人々の物笑いになることに耐え切れずに、もう「主の言葉を宣べ伝えまい」とすら思う時があったのです。20章7節では「主に惑わされた」、「主に誘惑された」とすら言っています。しかし同9節では、主のみ言葉が燃えさかる火のように燃え上がっていると言います。あの19、20歳のころに聞いた神の言葉が何度否定しようと思っても、もう骨の中に染み渡っていて、燃え盛っている。「神の言葉に従わないでおこう、もう神の召しには応えないでおこうとすることのほうが、わたしは疲れて耐えられない。わたしは今はもう、神の言葉を語らずにはいられない。この個所を新共同訳聖書は、「主の言葉は、わたしの心の中　骨の中に閉じ込められて　火のように燃え上がります。押さえつけておこうとして　わたしは疲れ果てました。わたしの負けです」と訳しています。

「わたしの負けです」と言うのです。今日、ここにいるわたしたちもそうではありませんか。あのイエス・キリストの十字架の福音を聞いた時に、その言葉を何度否定しようとも、もう自分はクリスチャンとして駄目だと思ったとしても、今、ここにいる自分は、み言葉に捕らえられてしまっている。

わたしが神の言葉に捕らえられたのは、大学に入った頃でした。しかし、「自分を通しては誰もイエスを信じる人は起こされない」という確信がありました。教会で「賛美しましょう」と賛美リードしていても、一方でその生活は無茶苦茶でした。イエスを信じて、伝道もそこそこやってみて、無理だなと発見。友達も下手に誘うと、教会での自分のうそ臭さがばれると思っていたのですね。

ある日、後輩が僕の部屋に遊びに来ました。そして部屋にかけていた「祈りの手」の絵を見て、「大嶋さん、アーメンとか言うてるんすか」。「うわ、こいつ絶対舐めてる」。「おう、言うよ。文句あんの」。すると彼が「僕のお袋、最近クリスチャンになったんすよ。僕が受験勉強してると、後ろでまじないみたいな歌を歌っているんですよ」。「それ賛美だよ」。「便所にも呪いの文句が貼ってある……」。「御言葉だよ……」。そして暫くしてまた部屋に来たんですね。「大嶋さん、実家に帰ったらじいちゃんが教会行きたいって言うので連れて行ったんですよ。そしたら最後に『信じる人いますか』って質問されて、隣り見たらじいちゃんが手上げてるんですよ。『まずい』と思って、僕も手を上げたんですよ」。「えっ、お前信じたの」。「信じてないですよ」。

この時「伝道しろ」ってことかと思ったんですね。「でも神さま、どう見ても彼は信じなさそうな顔してますよ」。「お前は人を上辺で判断するのか」。「でも今まで、伝道とかしたことないんですよ。でもとりあえず『言うだけ言います』。『く、くまがい。一緒に聖書読んでみーひん』。『断われ』。『いいですよ』。『マジで……』。

そして、次の週の木曜バイトが終わってから夜10時に、一緒に聖書を読むことになったのです。自分で聖書研究のテキストをKGK事務所で買ってきて予習して、もう6時くらいから掃除して、「教会はやっぱりクッキーかな」と用意して。でも来ないんですよ。10時半、11時、11時半。「所詮こんなもんやって……やる言うても、ほんま。クッキー食べよ」。12時になって、「トントン」。「すいません、彼女と揉めまして……」。「やる?」。「是非!」。それから、朝5時まで。ほとんど彼女の話でしたが……。「次もやる?」。「はい」。そしてやってると、「人をゆるすって、本当の意味で赦されたことがないと赦せないですすネエ」。「お前深いなあ」。皆さん、ノンクリスチャンを侮っちゃいけませんよ。よくモノを考えていますよ。そして4回目の時、「熊谷、お前神信じるか」と聞いたら、「信じます」って言ったんですよ。「ほな、俺の後について祈って……」。「神様」、「神様」。「僕は罪人です」、「僕は罪人です」。皆さん、想像してみてください。自分の友達が祈っているんですよ。「僕にはイエスが必要です」。「もう、お前帰れ」。泣きました。そして悔い改めました。間違いなく僕じゃないですよ。

この部屋は間違いなく、いつものあの汚い部屋なんです。でも神の言葉が熊谷を捕らえたのです。熊谷を捕らえた神の言葉がわたしを捕らえたのです。この神の言葉が燃え盛ってしまったんです。もうしようがない。

交わりで派遣される

最後に、エレミヤは彼の人生の中でバルクと出会います。その預言者生涯のほとんど、周りの誰も受け入れてくれる人はほとんどなく孤高に生きたエレミヤに、神はエレミヤと行動を共にする後輩バルクを備えておられました。あるときエレミヤの預言した言葉が焼き捨てられてしまった時も、バルクの手によってエレミヤの語った言葉をあますところなく記し、エレミヤの言葉は書き残されていくのです。この同労者の存在によって、苦難の僕エレミヤの人生の中に、今の時代も、わたしたちはイエス・キリストの姿を見ることができるのです。

わたしたちもこの時代とこの地に、一人で遣わされるのではありません。交わりで遣わされるのです。この国が、この街がイエスを全員信じる日が来るということなど、自分の家族が信じる日が来るなど、途方もないことのように思える。しかし皆さん、あなたには教会が与えられている。ケズィックに出ようと誘ってくれる交わりがある。教会にはエレミヤと同じく、その人生のほとんどが苦難の連続で、悲しみに満ちているというようなわたしたちだと思います。エレミヤと同じく自分が語った伝道の芽がたくさん出るのを見ていません。涙と共に家族に、友人に種を蒔いている。

しかしエレミヤの生涯が苦難の現実を生き抜いた時、キリストが映し出されたように、忠実に御言葉に生きたエレミヤの人生がキリストを指し示したように、悲しみの只中にいるときこそ礼拝に出て御言葉を聞こうとする、賛美をささげるわたしたちの姿にキリストが映し出されるのです。苦難の中にいてもなお、主が自分を遣わしておられることを信じるときに、この教会にキリストの姿が映し出される。自分の無力さに押しつぶされそうになっても、御言葉によって燃やされるときに、賛美の歌を高らかに歌い上げる時にそこに、あなたの人生に、キリストが映し出されるのです。

ですから、この教会の交わりと共に、わたしたちはこの新しい週も、この町に遣わされて行きましょう。

「まだ若い、と言うな。わたしがあなたを遣わすどんなところへでも行き、わたしがあなたに命じるすべてのことを語れ。彼らの顔を恐れるな。わたしはあなたとともにいて、あなたを救い出すからだ。

――主の御告げ――」（7～8節）。

〈第29回沖縄ケズィック・コンベンション　聖会Ⅰ〉

聖別と派遣

齋藤　清次（那覇ナザレン教会牧師）

ヨハネによる福音書20章19〜23節

　わたしたちに与えられている聖書は何とすばらしいでしょう。聖書の中心は、わたしたちの救い主イエス・キリストです。若い時にデンマークへ行ったことがあります。デンマークと言えば、ハンス・クリスチャン・アンデルセンやキルケゴールという神学者、哲学者が有名な国ですね。デンマークには3つのナザレン教会があり、そこで奉仕をすることができました。デンマークは戦争で町を破壊され何もなくなった時、政治家たちが集まり、どうしたらこの国を建てられるだろうかと話をしました。我々はやがて年を取るから、若い青少年に聖書を与えて訓練しようと、聖書で教育するカリキュラムを組んで若い者を育てたという話を聞きました。その頃、日本でも政治家たちがこれからどうしようかと言ったときに、工場を建ててたくさんの物を造り、外国に売り出して豊かになるようにしようと盛んに物を製造して販売したことはよく聞いているところです。なるほど、物質的には多少豊かになったわけです。しかしながら、心の中の精神的なものはそこに置き去りにされたと思うのです。わたしがデンマークを訪ねた頃は、福祉国家で充実した国となっていました。

聖書は本当に大切なものです。聖書の中心人物にイエス・キリストがおられます。今日読んでいただいた聖書個所には、弟子たちは非常に恐れて部屋の奥に隠れていたとあります。信じていた方が亡くなって、これからどうしようか、漁師だった弟子はもう一度ガリラヤに戻って漁をしようか、と考えたわけです。非常に不安に思っているところにイエス・キリストは現れて「平安があるように」と言いました。手と足の傷を見せて「わたしである」と励ますと、弟子たちは非常に喜びました。イエスは「父がわたしを遣わされたように、わたしもあなたがたを遣わす」と仰せになりました。使徒言行録では弟子たちが聖霊の力を受けて福音を宣べ伝え、初代教会ができ上がったわけです。

1　信仰によって罪の赦しを受ける

ルカによる福音書19章にザアカイという徴税人が登場します。税金取りですから町の人々には嫌われていて、背が低く、イエスに会いたいと思っても人々はなかなか前へ通してくれなかった。町はずれのいちじく桑の木に登って、イエスが来るのを待った。不思議なイエスとの出会いがあった。イエスはちゃんと知っていて、ザアカイ、木から降りてきなさい、今夜はあなたの家に泊まることにしている。そうして、一晩のうちにザアカイはイエス・キリストと出会って救われて、新しく生まれ変わったのです。「主よ、わたしは財産の半分を貧しい人々に施します。また誰かから騙しとっていたら、それを四倍にして返します」。イエスを信じて、新しく生まれ変わる、これは本当にすばらしいことです。

2 信仰の成長

信仰の成長は、聖化とか聖め、第二の誕生とか色々な言い方がありますが、神が与えてくださる聖霊によって魂がきよめられていく過程を辿ります。弟子の中にヤコブとヨハネがおりました。ガリラヤ湖の漁師でイエスは、この二人にボアネルゲという あだ名を与えました。雷の子という意味です。ある日、村の人たちが快くイエス・キリストを迎えなかったという出来事がありました。その時にヤコブとヨハネは「主よ、天から火を降らせて、彼らを焼き滅ぼしましょうか」と言いました。本当に激しいです。しかしながら、使徒言行録によれば、最期には、ヤコブは剣で殺され、ヨハネはパトモス島へ流刑になって、弟子の中では最も長生きして人々に仕えたと書かれています。わたしたちは信じた時に形式的にバプテスマを受けたというだけではなく、イエスが弟子たちに約束された聖霊をわたしたちに与えてくださっている、それをいただいて心の底から聖霊によって新しくされていく。弟子たちのように命がけで福音を宣べ伝える者とされたいと願わされます。

3　聖霊を与えるというイエスの約束

弟子たちには色々な認識不足がありました。使徒言行録においては「主よ、いま国を再建される時ですか」というようなことを言っています。イエスはユダヤの国をローマの支配から独立させるために来たと、弟子たちは期待感を持ちましたが、イエスがこの世においでになったのは、人々を救い、聖め、神の国のために働く者となるという目的でした。

ドイツにマルチン・ニーメラーという人がいました。教会の牧師をしていて、強制収容所に入れられ、自分の生命が終わると思った時にドイツが降参して戦争が終わり、生きて帰ることができたのです。ある時、マルチン・ニーメラーが日本に来て講演をするということになりました。たくさんの聴衆が集い、強制収容所の実態、どんなひどいことがあったのか、ガス室はどうだったのかということを話すだろうと思ったそうです。しかしながら、強制収容所の話はひとつも話さなかったそうです。何を話したかというとニーメラーが見た夢について話したそうです。金色に輝く雲と、どす黒い真っ黒い雲が夢にあらわれ、金色の方から声がして「ヒトラーよ、なぜあなたは６００万人以上のユダヤ人やその他の人々をむごい殺し方をしたのか」と言ったら、黒い雲の下の方からヒトラーの声が返ってきて「主よ、今となっては本当に申し訳ないことをしたと思っている。お許しください」と。最後にヒトラーは「主よ、しかしながら、わたしに真剣にあなたのことを話してくれた人は一人もいませんでした」と言ったそうです。そして、どんな状況でもイエスは主であると証しをする人が必要だ、日本のクリスチャンのみなさん、どうかあなたの隣人に福音を伝えてくださいと、これが講演の主な内容だったと言われています。わたしたちも洗礼を受けてクリスチャンとなったと同時に、イエス・キリストを知らない方々に福音を伝える、これがクリスチャンの一番の大きな使命ではないかとわたしも思います。

ある日、峯野龍弘先生が沖縄においでになるということで、高橋秀夫先生と一緒にお話を聞きました。沖縄でもケズィックを開いたらどうかというお話でした。そうして最初の沖縄ケズィックが那覇ホーリネス教会を会場に開かれました。それ以来29年を数えるわけですね。来年は30年で記念の年です。どうかこのケズィックを通して、聖書の御言葉を正しく学び、イエスのご命令に従ってわたしたちも福音を伝え続けようではありませんか。沖縄のすべての人々に福音が満たされるように、また全日本に沖縄から福音が満たされるようにと思うのであります。わたしは北海道のケズィックに行った時に沖縄のことを宣伝しました。ケズィックのように、沖縄から北上して福音が広がってほしいという話をしたら、会衆の中から「しかし、恵みの雨は上から降る」と、それもそうだと思いました。本当に日本が福音で満たされるようにと思います。聖霊の満たしを受けて、福音の証し人となることができるように、沖縄のクリスチャンが用いられるように、心から願わされることであります。

〈第29回沖縄ケズィック・コンベンション　聖会II〉

有終の美を飾る

比嘉　幹房（糸満シーサイドチャペル牧師）

詩篇23篇1～6節

今日は「有終の美を飾る」というテーマでお話ししたいと思います。アメリカの牧師たちが、臨終の信徒を訪ねてお祈りする時は本日の聖書個所、詩篇23篇を読むそうです。詩篇は、聖書のちょうど真ん中に位置しているので聖書の心臓部に相当すると言われています。特に詩篇23篇は世界中のクリスチャンたちから愛されています。また、ダビデ（David）という名前も、世界中のクリスチャンたちから親しまれている名前です。一体どうしてダビデが人々に親しまれているのか聖書を読むときに、この私は油注がれた王であるが今はまだ力が足りないという言葉があります。また、サムエル記上30章6節にはダビデは彼の神、主によって奮い立ったという言葉があります。なぜ弱い人間でありながら、ダビデは人々に愛されたのか、ご一緒に詩篇23篇から見ていきたいと思います。

世の中には破竹の勢いで事業をして、日本だけでなく世界中に影響を与えた人がいます。しかし、人生の後半になって破産となり人々から見放され、家族からも顧みられない、そういう経営者の方がたくさんいます。伝道の書には「事の終わりは初めより良い」という言葉があります。今日私たちはどうしたら終わりまで良く生きられるのか一緒に考えていきたいと思います。

1　ダビデの過去

私たちの人生は、過去、現在、未来へと繋がっています。ダビデの生涯はサウルに命を狙われ、自分の息子からも命を狙われていた。そして彼は自分の部下の妻を奪い取った、そういう過去を持っている人です。そのようなダビデがどうして詩篇23篇のような詩を詠むことができたのでしょうか。それはダビデと主の関係にあります。詩篇でダビデは主の名を呼び、助けを求めています。生涯を通じて主の名を呼びました。ダビデは羊飼いであったので羊についてよく知っていました。自身の羊飼いの経験から神と自分の関係を考えたことでしょう。詩篇23篇には「私」という言葉が13回出てきます。その「私」が主は「私」の羊飼いというのです。ここに神と「私」の間に100%の信頼が築かれています。

A・B・シンプソンという方がおられましたが、自分の信仰生活はどこか満たしがない、何かが足りないと悩んでいた時に聖霊が、あなたの心を調べたい、心の部屋をチェックしてみたいと声をかけたそうです。彼はそうしてくださいと言って、1番目の部屋へ行きました。ここはOKでした。2番目、3番目の部屋もOKでした。しかし、4番目の部屋はどうしても神様に見せたくなかった。聖霊は、そこなんだ、見せたくないと思うその部屋こそがあなたが成長しない真の理由であると。彼はその部屋を開けて、神様に委ねたそうです。すべてを明け渡した時に、御霊に満たされる経験をしたのです。私たちも自分の中にまだ神様に明け渡していない心の部屋がないかを吟味し、明け渡しましょう。そして御霊に満たされましょう。

ペテロはイエス様が十字架につけられる前に、たとえ他の人があなたを知らないと言っても、わたしは決して裏切らないと言いました。しかし、弟子たちは皆逃げ去った。わたしたちが「主よ」と言うのと、ダビデの「主は私の主」と言う告白には相違があると思います。弟子たちは自分の都合で主と呼び、また主を知らないと言いました。ダビデは頭で知っているだけでなく神との関係を確立し、信仰生活で主に触れていた。主は私の羊飼いと言っている主との関係をよく知っていた。自分の羊を飼いながら、羊の状態をよく知り、日々羊との触れ合う体験があった。信仰は頭で知っているだけでなく主と触れているかどうかです。本当に体験しているかどうかです。

2　ダビデの現在

「私には乏しいことがない」という告白にダビデの信仰の深さを見ることができます。現実は荒野を逃げ隠れ、食べるにも事欠くような状況にありました。彼はやせ我慢をしてそう言ったのでしょうか。日本人は物質的なものを追い求め、お金が大好きな国民とよく言われます。心が空しいからお金が人生の支えになります。ダビデは敵に囲まれ荒野をさまよいながら「私の魂を生き返らせ」と詠います。ペテロの手紙第一の1章に、信仰の結果である魂の救いを得ているとあります。魂の救いがいかに大事かを見ることができます。私には化学の教師をしている友人がいます。彼が「君はお金がなくてもいつも喜んでいるように見える、羨ましい。僕は1カ月に1日だけ嬉しい日がある。それは給料をもらう日だ。あとの29日はこの日のために生きている」と言いました。そのことを『福音版』に書きました。イエス・キリストが与える喜びは人生を心の底から満たしてくれると書きました。パウロはどんな状況にあっても満ち足りていると言います。詩篇23篇には敵の前で私の杯はあふれるとあります。杯の中身、それは特別な葡萄酒で、当時賓客にもてなしとして差し出したそうです。ヨハネによる福音書4章でイエスは「この水を飲む者はまた渇きます」とサマリアの女に語ります。私が与える水はその人の中で泉となる、永遠に渇くことがない水は私にあるのだと言いました。そこで彼女はイエスを信じてサマリアへ行き、人々に証ししたのです。

3　ダビデの未来

最後にダビデは6節で「まことに私のいのちの日の限りいつくしみと恵みが私を追ってくるでしょう。私はいつまでも主の家に住まいます」と述べています。人間には過去、現在、未来があります。ダビデは「いのちの日の限り」という言葉を使っています。この世だけでなくわたしはいつまでも主の家に住みますと、未来を考えている。神を知らない多くの人はいつも「死」に追いかけられているのです。生きている時に自分の人生のことを考えない。しかしダビデは、たとえ死の陰の谷を歩むとも災いを恐れません。あなたがわたしと共におられますと言います。死は陰にすぎない、神を知らない人はその陰に怯えている。詩篇23篇はまさにダビデの一生を要約したものだと思います。羊飼いから王になり、姦淫の罪を犯しながら、罪の告白と赦しの中で謙虚さを学び「主は私の羊飼い」、「私には乏しいことがありません」と言える満ち足りた主との関係を築き生涯を全うしました。そして「私はいつまでも主の家に住まいます」、「命の日の限り、恵みと慈しみが私を追うでしょう」というみ言葉はまさしく〝有終の美を飾った〟ダビデの信仰の生涯そのものです。

〈第31回九州ケズィック・コンベンション〉

鷲の如く新たに——あなたの若さは鷲のように新たになる——

深谷 春男

詩篇103篇1～5節

今年は、九州ケズィック・コンベンションの講師としてお招きをいただきましてありがとうございます。わたしは、東京の新宿歌舞伎町にある教会、日本キリスト教団 新宿西教会の牧師、深谷と申します。どうぞ、よろしくお願いいたします。

ケズィック・コンベンションは、1875年に、英国の避暑地、風光明媚なケズィック地方で開かれ、長い伝統を持つ恵みの集会です。様々な歴史を持つ教会が、「主にあってひとつ」との信条のもと、聖書的な恵みを求めて集ったのが、その出発でした。その歴史を見ますと、F・B・マイヤー先生とか、B・F・バックストン先生等が講師となって、すばらしい聖会が毎年、開かれ続けてきました。今年は146年目に当たります。

講師にとのお招きを受けて、祈っている中で、今回は聖書の中の聖書といわれる「詩篇」について学び、ここから豊かな恵みを共に分かち合おうと導かれております。九州ケズィック・コンベンションでの奉仕は2回ですが、第1回は、詩篇103篇1〜5節を通して、「わたしたちの信仰の勝利の原点」を学び、第2回は詩篇91篇を通して、歴史的な試練である新型コロナウイルス蔓延のただ中で、聖書の語る、力強い、「七重の守りと七重の祝福―全能者の陰に宿る祝福」という題で学んでみたいと思います。お祈り下さい。

【詩篇103篇の概略と内容区分】

詩篇103篇は旧約の中において新約の福音のような輝きをもっています。神を賛美し、喜びつつ生きる生涯のすばらしさをこの詩は教えます。

「この詩は聖書信仰の木に咲いた最も清らかな花のひとつである。その根を聖書の最も深い源泉に下ろしつつ、この歌は、高貴な澄みわたった響きをもって神の恵みを歌い上げ、後の何世紀にもわたって文学をも人生をも豊かにしてきた」（A・ヴァイザー）と紹介されているとおりです。

この詩篇の構造は壮大で、以下のようにまとめることができます。

1〜5節　個人への神の祝福
6〜10節　民族への神の祝福

11～18節　人類への神の祝福
19～22節　全被造物への神の祝福
今日は時間の関係で、「個人への神の祝福」の項目だけを取り上げてみたいと思います。神の御業は、その人の人格、魂への油注ぎに始まるからです。

【メッセージのポイント】

1　「赦すお方　すべての　あなたの罪を」（3節a直訳）。

罪の赦し！

3節から5節に分詞形で5項目にわたって神ご自身への告白が歌われています。これは神ご自身の本質の表明でもあります。分詞形を日本語で厳密に訳せば「……されるお方」という表現となっています。それが5回繰り返され、ヘブル語を話す人たちには非常に印象的に響きます。

その第1の内容は「赦すお方、あなたのすべての罪を」です。

これは神様の本質をズバリッと告白しています。「罪の赦し」を、神をたたえる第一の理由とすることは実に聖書的です。これは新約の十字架の福音へと通じている旧約聖書から続く一筋の赤い糸です。

わたしは66歳になる誕生日の一日前に、神様の前に祈りました。フェイスブックに「66歳になりました」と書きましたら、多くの方から祝福のメールが届きました。その中に、「先生も66歳になりましたか。いよいよ聖書66巻の完成の時ですね。」というような内容のものがありました。そして、自分の66歳の人生で一番大きな出来事は何だったのだろうかと、自分自身に問いかけました。その時に、はっきり示されました。わたしの66年間の生涯の一番大きな出来事は、主イエス様を信じて、洗礼を受けた時だ。その日がはっきりとよみがえってきました。１９６９年12月21日のクリスマス礼拝の日でした。50年以上前の出来事ですが、あの日は特別の一日で、今でも朝から夜まで、鮮やかに覚えています。練馬開進教会で、市川忠彦先生から洗礼を受けたあの日のこと。わたしは19歳でした。前日に、「新しい人生の出発だ。今日は徹夜で祈って備えをして、明日の洗礼に備えよう」との決意で祈って備えました。朝方、うつ伏せになって寝ていました。緊張の中で、クリスマスの礼拝に備えました。牧師先生の説教が終わり、いよいよ洗礼の時が来ました。頭に注がれた洗礼の水が、背中に入って、ひやりとした感覚がした時に、主イエスの十字架の贖いの血潮が、わたしのところまで流れてきたという思いがして、涙が流れて止まらなかった。その日は、夜のクリスマス祝会まで教会で過ごし、祝会で救いの証しをし、それを聞かれた先生の目にも涙があったのを見て、自分のアパートに帰るときは、まっすぐ歩けなかった。夢を見ている者のように帰り、自分の部屋に入ったときには、自分の生涯を主に献げる決意で、絵描きの希望だった油絵の具一切を押し入れに放り込んで、献身の祈りをしました。「俺は罪赦されて、永遠に生きる。おまえも信じろ！　このバカ」のようなはがきを友人に書いたのです。

2　「癒すお方　すべての　あなたの病を」（3節b直訳）。

病の癒し！

詩人の主をたたえる理由の第2は「病の癒し」です。

罪の赦しを受けた魂は霊的にも肉体的にも癒しの業が始まります。魂は様々な問題で傷つき、病んでいます。現代世界のような複雑高度な社会に住むわたしどもは日々、多くのストレスの中に生きています。主の愛と赦しと恵みに触れる時に、人は癒しと解放を経験するのです。

「我は主にして汝を癒すものなり」（出エジプト記15章26節）。

また、自分の生涯を振り返ると、神様の恵みの中で、病を癒やされた経験などを思い起こします。55歳の時に会堂建築や、多くの仕事で過労となり、献堂式の直前に風邪をこじらせ、血圧が低下して、上が60。下が測れないというところまで落ちてしまいました。ベッドで逆さ吊りのようにように頭を低くして数日間を過ごし、ようやく癒やされました。多くの方々の祈りと愛に支えられて健康も守られています。

3「贖うお方　墓穴から　あなたの命を」（4節a）。

永遠の命！

主をたたえる理由として第3は「永遠の命」です。われらの命を、死をも越えた世界に導くお方のゆえに、と語っています。これは、「墓穴から、あなたの命を　贖うお方である」と告白されています。人間の問題は、突き詰めれば「罪と死」であると聖書は教えています。創世記3章のアダムとエバの記事で「罪の本源」を、4章の人と人との間の断絶で「罪の現実」を、5章の人間の系図で「死の到来」を語ります。わたしどもはすでに十字架と復活において、わたしどもを「罪と死の呪い」から「贖い給うたお方」を知っています。その「贖うお方」は、御自ら墓に下り、死をもって死を滅ぼされた復活の主イエスご自身なのです。

ここでは、「あなたの命を墓から贖うお方」と歌われます。主イエスはヨハネによる福音書14章で、わたしは十字架の上に死んで、父の許に帰るが、あなたがたのために住まい（マンション）を用意しに帰るのだ、と語られました。わたしたちは永遠の命の世界を歩み続けるのです。

4「あなたに冠するお方　慈しみと憐れみを」（4節b）。

神の最愛（ヘセド）の冠！

第4は「神の最愛を冠とする生涯」を歌います。わたしどもの生涯はいつでも「神の慈愛」を冠のようにいただいているのだと言います。「慈しみ（ヘセド）」は真実な夫婦間の契約愛を意味しています。「憐れみ（レヘム）」という言葉は、胎児への母のやさしさと献身を意味しています。主イエスのやさしい愛と真実。わたしどもの人生はまさにコリントの信徒への手紙一13章のように、神の愛に支えられ、人生の冠としてこのヘセドをいただいているのです。なんという幸いなことよ。

家族の愛に囲まれて歩める幸い、教会の兄弟姉妹の祈りと愛に支えられる生涯。多くの人々の真実と優しさに囲まれてきた自分の生涯。何よりも、神の愛、主イエスの十字架の上に流された神のナルドの愛。この詩には特に、「慈しみ（ヘセド）」が4回使用されています（4、8、11、17節）。その4回が、個人、民族、人類、全被造物のそれぞれの個所に使用されています。神の愛、神の慈しみが、この世界には充満しているのですね。

神の慈愛と憐れみが、冠のようにわたしどもの生涯を祝しておられる。

5 「満足させるお方　良い物で　あなたの麗しさを」（5節a）。

神の最善（トーブ）の満足！

神をほめたたえる第5の理由は、「良いもの」で満足させてくださるお方であるからと告白されています。神の本質は聖であると共に「善（トーブ）」です。「主は善にして善を行われる」（詩篇119篇68節口語訳）。神が創造された世界は「良かった」のです。6日目は「はなはだ良かった」（創世記1章31節）のです。「神様は最善以外の何ものもなさらない」。主は善き物を与えられるのです。「聖霊の満たし」はその最たるものです。この「善（トーブ）」は、詩篇23篇6節では「恵み」と訳されています。魂の内側が神の最善で満ち足りますように。魂が神の恵みが滴り落ちるような、潤いを得ますように。ハレルヤ。

6　新しくなる　鷲のように　あなたの若さは（5節b）

鷲のような若さと命！

今まで見てきましたように、この聖書の個所は、動詞の分詞形を用いて神様の御性質を告白してきました。すなわち主は

「罪を赦し給うお方」、

「病を癒し給うお方」、

「永遠の命へと贖い給うお方」、
「最愛という冠を与え給うお方」、
「最善の満足を与え給うお方」であると歌うのです。

これらの神の恩寵充ち満てる生涯は、わたしどもの人生を「新しく」してゆきます。信仰者はその人生の最盛期の時のような「若さ」という生命力が、その腹から湧いてきて、内側に充満し、天空を駆け巡る「鷲の如く」飛翔する力を得るのだと言うのです。イザヤ書40章31節には、

「また鷲のごとく翼をはりてのぼらん
　走れどもつかれず、歩めども倦ざるべし」（文語）とあります。

皆さんが賛美しながら輝く姿は、鷲のような姿ですね。

堂々として天空を舞う鷲の姿。激しい逆風をもその翼にはらんで、高く舞い上がるためのエネルギーとして利用し、太陽を睨んで天翔るその姿は非常に力強く雄大で、見る者に感動を与えます。行く手を遮るような大きな山。国と国を隔てる果てしない海原。その上をあらゆる障害や困難を越えて、空高く舞い上がり、それを乗り越えて行く鷲の姿。これはクリスチャンの姿です。

7　わたしの魂よ、主をたたえよ。
わたしの内なるものはこぞって聖なる御名をたたえよ（1節）。

魂の底より、全存在をそそぐ神への賛美！

最後に、冒頭に帰りましょう。1節で、詩人は自分の魂に語りかけます。「わが魂よ。主をたたえよ」と。わたしどもも今日、自分の魂に語りかけましょう。また「内なるものはこぞって、聖なる御名をたたえよ」とあります。わが内なるすべてとは「五臓六腑（心臓、肝臓、胃腸等の内蔵）」を示す言葉です。わたしどもは全身全霊で創造主なる神をほめたたえるのです。現代流にいえば、細胞の一個一個、血液の一滴一滴、ＤＮＡのあらゆる組織に至るまで、主をほめたたえ、その恵みを忘れるな、と詩人は歌っています。

主イエスの御救いを受けたクリスチャン生涯は、主をたたえつつ歩む人生です。

今日は７つもポイントを挙げましたが、しかしこれは実に聖書の指し示す救いの恵みの要約のような趣があります。

① 罪の赦し、
② 病の癒し、
③ 永遠の命、

④　最愛の冠、
⑤　最善の充足、
⑥　それらの恩寵を受けて、鷲のような新たな命の充満、
⑦　主の創造と救いを心からほめたたえる勝利の生涯！

ひまわりが命の源なる太陽に向かって、美しい花を開くように、わたしたちも救いの源、いのちの源なる神様を口と心を開いて賛美すべきです。ハレルヤ。

祈り

万物の創造主なる御神よ。この日、わたしどもは人生のクライマックスなる聖なるあなたを拝する、九州ケズィック・コンベンションの聖会へと招かれていることを感謝します。詩篇103篇のようにあなたは、「罪を赦し給うお方」、「病を癒し給うお方」、「永遠の命へと贖い給うお方」、「最愛という冠を与え給うお方」、「最善の満足を与え給うお方」です。どうぞわたしどもの霊の目を開いて、あなた御自身の驚くべき恵みを悟る者としてください。そして、心いっぱいあなたをたたえる者としてください。鷲のような若さと命に満たして一日、一日の旅路を歩む者としてくださいますように。栄光の主、われらの救い主、主イエスの御名によって祈ります。アーメン。

〈第56回大阪ケズィック・コンベンション　青年大会〉

神に不従順だったヨナ

ロジャー・ウィルモア

ヨナ書1章1～3節

主イエスの御名によって皆さんにご挨拶します。このように、ケズィックでみことばを分かち合える機会が与えられ、感謝します。委員会から青年のために語るよう依頼を受けた時、どんなトピックで語ったら良いのかを祈り始めました。若者にふさわしいメッセージが与えられるよう、祈りました。主は、ヨナ書を示してくださいました。ここから、色々なことを教えられますが、特に、神に不従順だったゆえの代価が何だったかを学びたいと思います。

本文に入る前に、まずヨナの背景を考えてみましょう。ヨナは神話上の人ではなく、実在した人物です。ヨナ書には、実際に起きた事柄が記録されているのです。彼は、北王国の王ヤロブアム2世の時代の人でした。列王記第二14章25節は、主がヨナを通して語られたと記しており、またマタイの福音書12章40節では、主イエスがヨナについて語っておられます。ヨナは実際にいた人で、ヨナ書は現実の物語であることを知ってください。

神はヨナの人生に目的を持っておられました。それは、1節〜2節に書かれています。「アミタイの子ヨナに、次のような主のことばがあった。『立ってあの大きな都ニネベに行き、これに向かって叫べ。彼らの悪がわたしの前に上って来たからだ』」。ヨナの人生に、神は特別な目的を持たれていました。邪悪なニネベの人々に、悔い改めと救いをもたらすためにヨナを用いたかったのです。

神は、すべての人々にご計画を持っておられます。何の意味も目的もなく、虚しい人生を送ることは、神のご計画ではありません。わたしは、若い時にある先生から、神は全ての人のためにご計画を持っておられると聞きました。その時、わたしのために神の計画があることがわかりました。その計画は、わたしを説教者とされることでした。

あなたに対する神のご計画は、それと異なっていると思います。全ての人が説教者に召されているわけではありません。皆さんの中には将来、教師、看護師、医者、漁師、芸術家、技術者、事業家になる方がおられるでしょう。神は、全ての人々に計画をもっておられるのです。

エレミヤ書29章11節を思い起こしてください。「わたし自身、あなたがたのために立てている計画をよく知っている —主のことば—。それはわざわいではなく平安を与える計画であり、あなたがたに将来と希望を与えるためのものだ」。神があなたのためにご計画を持っておられることを知ることは、非常に大切です。しかし、神がヨナにご目的を示された直後、ヨナは神から逃げ出しました。神の召しにノーと言ったのです。それゆえ、深刻な結果がもたらされました。

さて、ここから本題に入ります。

第一に、ヨナの召しについて学びましょう。1節~2節にはヨナに対する神の目的が書かれています。「アミタイの子ヨナに、次のような主のことばがあった。『立ってあの大きな都ニネベに行き、これに向かって叫べ。彼らの悪がわたしの前に上って来たからだ』」。ここにヨナの召しがあります。神は、ヨナという人を特別な任務に召してくださいました。アモス、エレミヤ、オバデヤにではなく、ヨナをこの任務のために召されたのです。神はヨナを召されたように、あなたをも召されています。その任務は他のだれでもなく、あなたのものです。この任務を果たすため、あなたに代わる人はいません。神は、あなたの人生に目的と計画を持っておられます。神は、今この時もあなたに、この説教を通してご自身の言葉を語っておられるのです。

1969年の夏のことをわたしは忘れることができません。その時、神はわたしを説教者として召してくださいました。随分昔のことですが、主は、わたしの心に明確に、理解できるように語られました。先ほど申し上げたように、神はすべての人を説教家に召されるのではありません。あなたは教師、技術者、看護師、医者、農夫、弁護士、または事業家として召されたのかもしれません。神は、クリスチャンを、普段の生活の中で主の忠実な証人となるよう、様々な仕事に召しておられます。

神はまず、主イエスを自分の救い主として受け入れるよう、あなたを召されました。これが出発点です。あなたは、キリストを自分の主、救い主として信じていますか。ある方は、イエスを自分の救い主として受け入れたいと願っておられるかも知れません。神の最初の召しは救いです。その後に、神の目的と御心を知らせ、その任務に召してくださるのです。

第二に、ヨナの不従順について見てみましょう。これは非常に大切です。この不従順の結果、代価を払うことになるからです。3節をご覧ください。「しかし、ヨナは立って、主の御顔を避けてタルシシュへ逃れようとした。彼はヤッファに下り、タルシシュ行きの船を見つけると、船賃を払ってそれに乗り込み、主の御顔を避けて、人々と一緒にタルシシュへ行こうとした」。

ここには、ヨナの不従順を通して学ぶべきことがたくさん書かれています。聖書を読むなら、神が主権者であることがわかります。神は、全宇宙を支配する、完全な力を持って治めておられるのですが、その御心をわたしたちに押し付けられません。わたしたちが、自分から主に従うことを選ぶよう、願っておられます。神は、ヨナがニネベに行くように強制することもできたでしょう。でもヨナは行きませんでした。かえって、神から逃げることを選択したのです。

わたしたちにも同じことが言えるでしょう。神に従うか、従わないか、わたしたちは選べます。しかし、その選択によって結果は全く違ってきます。ヨナの物語でわかるように、もしわたしたちが不従順を選択するなら、その選択の結果に向き合わねばならないのです。

それでは第三に、ヨナの不従順の結果を見てみましょう。

1　この不従順の対価はどれほど大きなものだったでしょうか。

これはとても大切です。この不従順がどれほど恐ろしい結果をもたらすかを見てほしいのです。ヨナ物語は、放蕩息子の物語（ルカの福音書15章）を思い出させます。イエスが語られた放蕩息子の物語は、不従順と罪が人にどんな結果をもたらすかを描いています。これは父と二人の息子の物語です。次男は働くのが嫌いでした。友だちと宴会をして気楽に生きたいと望んでいました。義務と責任から逃れて自由になり、自分の好きなように生きたいと願っていました。今の多くの若者たちも、この次男のように、誰かにあれこれ言われることを嫌がり、自分の好き勝手に生きたいと願っています。

ある日、次男は父のもとに行き、遺産が欲しいと求めました。普通、遺産は父が死ぬまでもらえません。しかし、彼は待てませんでした。そこで父は、次男に相続分を与えます。するとその子は遠い所に旅立ち、お金を湯水のように浪費したのです。彼は自分の父から遠く離れ、自分の好き勝手に出て行き、罪深い生活をしたのです。ヨナも同様でした。３節には、ヨナは神から逃げてニネベに行かず、タルシシュ行の船賃を払ったと書かれています。

放蕩息子の物語では、彼はほどなく貧困に陥ります。お金がなくなり、ヘブル人なのに、豚の世話をする職に就くことになり、ついには豚の餌を食べるようになります。悲惨な状況に陥ったのです。彼は悪い選択をし、その結果は深刻なものでした。

わたしは、神の御心に従わないなら、それがもたらす大きな代価を払うことになることを知ってほしいのです。神は、あなたにすばらしいご計画を持っておられますが、あなたが好き勝手な道に歩むなら、結果的にあなたはそれに対する代価を払うことになります。この放蕩息子も、自分の悪い選択に対する深刻な結末を経験したのです。

2　次に見ていただきたいのは、罪はあなたをどん底に陥れるということです。

わたしは全ての人に尋ねます。あなたは良い選択をしていますか。神に不従順であったり、逃げたりしてはいませんか。神から離れることの結果はただ一つ、どん底に陥ることです。ヨナの物語は、ヨナがタルシシュへ逃げていくことは、どんどん下へ降りていくことだったと述べています。彼はヤッファに下りました。また船の中へ下り、さらに船底に下りていったのです。最後には、海のどん底に落ちていきました。神への不従順はいつもわたしたちを悪い方向へ、悪い結果へと導きます。それこそ罪がなすことであり、罪はあなたを引き下ろし、破壊するのです。わたしがこのコンベンションを通して語りたいのは、神を否定し、その御心に不従順になるなら、わたしたちはどん底に陥ってしまうということです。

3　また、罪があなたの人生においてどれほど深刻な嵐をもたらすかも知っていただきたいのです。

ヨナ書1章4節以降には、神は激しい嵐を送ったと記されています。この嵐はあまりにも激しいものだったので、船に乗っている人はみな、死を覚悟したほどでした。罪と不従順は、わたしたちの人生に激しい嵐をもたらします。時には、乗り越えることができないほどのものになります。今、あなたが直面している嵐や問題、試練を考えてみましょう。それは、神に対する不従順のゆえにもたらされたものではないでしょうか。

4　そして罪は、わたしたちを何の助けもない所へと導きます。

ヨナ書1章17節には、「主は大きな魚を備えて、ヨナを呑み込ませた。ヨナは三日三晩、魚の腹の中にいた」と書かれています。魚の腹の中にいることがどういうことか、想像できるでしょうか。先にお話ししたように、放蕩息子は、自分が豚の餌を食べていることに気づきました。彼は、まさにどん底にまで落ち込んだのです。ヨナも魚の腹の中にまで陥り、何もできず、ただ壊れるだけでした。しかし、この場が必要でした。なぜなら、砕かれた者が悔い改めて主に立ち返れるところだからです。

こんな壊れた状態になったからこそ、ヨナは神に叫び始めました。豚の餌を食べていた放蕩息子も自分の酷い状況から罪を知り、父の所にいるしもべたちの方が自分よりも良いことを知り、父に立ち返る思いをもつようになったのです。彼は砕かれました。

2章1節に、「ヨナは魚の腹の中から、自分の神、主に祈った」と、記されています。そこから彼は主に立ち返りました。さらに2節では、自ら「苦しみの中から、わたしは主に叫びました」と歌っています。何がヨナを神に立ち返らせたのでしょうか。それは苦しみです。神は主権者ですが、その意思を押し付けられません。わたしたちの選択の自由を奪われません。しかし主は、わたしたちの不従順の結果がわたしたちに厳しく重く臨むのを許されます。その時に、わたしたちは再び神に叫び始めるのです。不従順の罪がもたらす深刻な問題や試練によって行き詰まるとき、結局、悔い改めて主に立ち返る道しかないことが分かります。神はこの苦しみを用いてくださるのです。

不従順だったヨナに、神の恵みと憐れみが注がれました。ヨナ3章1節をご覧ください。「再びヨナに次のような主のことばがあった」。わたしたちの神は、2回目の機会を与える神です。このケズィック・コンベンションでも、神はあなたにチャンスを与えてくださっています。あなたにもセカンドチャンスがあります。わたしたちの神は、2回だけでなく、3回も、4回も、いやそれ以上のチャンスを与えてくださいます。なぜなら神は恵みと憐れみと赦しに豊かな神だからです。「もし私たちが自分の罪を告白するなら、神は真実で正しい方ですから、その罪を赦し、私たちをすべての不義からきよめてくださいます」（ヨハネの手紙第一1章9節）。

神の御心は、「何が良いことで、神に喜ばれ、完全であるのかを見分けるように」（ローマ人への手紙12章2節）なることです。ここに真の満足と平和があります。主の目的と御心は、あなたの人生が良いものとなり、完全なものとなることです。若者たちよ。ヨナのようになってはいけません。主イエスから逃げ出さず、主の御心に従ってください。そうでないなら、あなたはどん底まで落ちていくことになります。主に立ち返り、主に服従して、主があなたの人生を導くよう願ってください。

〈第15回 東北ケズィック・コンベンション 聖会Ⅳ〉

互いに支え合って生きる

ピリピ人への手紙4章1〜3節

藤本 満

ここに二人の女性の名前が出てきます。ユウオディアとシンティケです。ピリピ人への手紙は個人名が5つ出てきます。パウロが霊の子どもと読んでいるテモテ。同労者と読んでいるエパフロディトは2章に出てきます。この二人は、教会員ではありません。伝道者です。

そして、この4章に出てくるユウオディアとシンティケです。二人の女性です。まさか、自分の名前が手紙に出てきて、しかも聖書の中に残り、現代に至るまで知られるとは夢にも思わなかったでしょう。そしてこの場面に、二人を助ける意味で、5番目のクレメンスの名前が出てきます。

2節にあるように、この二人の女性についてパウロは、「あなたがたは、主にあって同じ思いになってください」と諭しています。二人はすれ違っていた、不仲であったことがわかります。不名誉な意味で、名前が残ってしまいました。この記事から3つの大切なことを学びたいと思います。

1　人はすれ違う、という事実です

パウロが開拓していった教会において、その始まりは往々にして女性であり、また女性が多くの奉仕を担っていました。特にピリピの教会はそうだったに違いありません。使徒の働きの16章を見ますと、この教会は紫布商人の女性リディアから始まっているからです。川岸で沐浴している敬虔な人々にパウロが福音を語ったとき、リディアは熱心に耳を傾け、キリストを信じて洗礼を受けました。その時、家族も信じて、洗礼を受けたと記されています。

だとしたら、非常に女性が活躍している教会だったに違いありません。その中でユウオディアとシンティケが不仲になります。名前が出てきますので、教会にあって有力者であったことでしょう。つまり、二人とも真実な教会員だったということです。

すれ違っていた理由は記されていません。神学的な論争ではないでしょう。そうなると不仲になってしまった原因はわりと些細なこと、きわめて人間的なことであったことがわかります。もっとも、覚えておかなければならないことは、神学的な違いよりも、この人間的で些細なことの方が、やっかいであり、時に霊的に致命的であるということです。

アメリカの神学校の先生で、教会の牧師でもあるカルビン・ミラーという人がいます。彼が、自分の牧会していた教会でのある出来事を紹介しています。その教会で新しいオルガンを導入することになりました。音楽委員会が開かれて、その委員の一人にローラ（仮名）という女性がいました。委員会は、アーレンのオルガンを選びます。でも彼女は、最後までロジャーズのオルガンを主張しました。自分の願望が通らなかったところから、すべてが始まりました。

牧師と口をききません。教会で会っても町で会っても挨拶さえ返ってきません。影でいやなうわさを流します。自分の取り巻きをつくって、それ以外の人とは挨拶もしません。

それが4年続いたある夏の聖会で、先生は講師の説教を聞きながら、ローラと和解するように聖霊の語りかけを受けました。先生は、講師の先生と集会の後で話をして、講師の先生のアドバイスは、たとえ向こうが悪かったとしても、4年間、断絶していた状況に対して、彼女に謝るように勧められました。次の晩の集会が終わってから、彼女のところに行きました。

「4年間、絶交状態でした。そのことを主の御前で赦してくださいますか。いっしょにお祈りしませんか」。

ミラー先生は言いました。ところが、返事はこうです。

「先生、私はいっしょにお祈りしませんよ。私がロジャーズオルガンが欲しかったのを知っていて、わざとアーレンを選んだでしょう」。

「先生。みんなの目があるから、今なら私が先生といっしょにお祈りするとでも思ったんですか。とんでもございません」。

「いや、そう言わず、お祈りだけでも」。

先生は、すぐにそこに座って、お祈りしました。終わって目を上げると、ローラは、変わらずに硬い表情で、そこに立って、先生を見下ろしていました。ミラー先生は、悪魔に見据えられているような寒気がしたと記しています。

彼女は、熱心なクリスチャンでした。おそらく自分が正しいことをしていると、思い続けているに違いありません。自分のやっていることが、おかしいと思わないのです。しかし、その心は、いつの間にか悪魔に支配されていました。

ケズィックの修養会が、キリストにあって一つ、と掲げるときに、必ずしも神学的な統合を目指しているわけではないでしょう。なぜなら、それが原因になって教会が分裂するというよりは、神学を掲げて、言い争う「人」、そのやり方に問題があるからです。どこかで、私たちのエゴイズムを悪魔が捉えて、私たちに分裂を起こさせることぐらい、よくわかっているではありませんか。キリストにあって、本来キリスト者はいつでも一つになれるはずです。

2　パウロはこの二人の女性を弾劾しているのではありません。

その真実さを認めた上で、昔を思い起こさせ、なおかつ本当の「あるべき姿」を確認しています。3節「この人たちはいのちの書に名が記されているクレメンスやそのほかの同労者たちとともに、福音のために私と一緒に戦ったのです」。

当時のピリピの教会の牧師であったのは、紀元95年に殉教したローマのクレメンスではないかとも言われています。同労者とあるように、牧師であったことは間違いないでしょう。クレメンスと共に、ユウオディアもシンティケも「いのちの書に名が記されている」のです。天国のいのちの書に名が記されているというのは、洗礼を受けたキリスト者のことです。いや、パウロにとっては、ユウオディアもシンティケもそれ以上です。この姉妹たちは、3節の最後「福音のために私と一緒に戦ったのです」と。これが、ユウオディアとシンティケの和解を求めているパウロの、熱い思いなのではないでしょうか。共にキリストに仕え、福音のために労してきた。パウロは、なんとかしてほしいと、訴えながらも、この二人を「私の冠」と呼んでいます。「私の愛し慕う兄弟たち、私の喜び、冠よ」(1節)。

これは、ここで仲違いをしているユウオディアとシンティケにも当てはまっています。ここに使われている「冠」という言葉は、信仰生涯の長いレースを走り終えて、最後に勝利者として被せてもらう月桂樹の冠のことです。

同じ冠という言葉は、テモテへの手紙第二 4章8節にも出てきます。「あとは、義の栄冠が私のために用意されているだけです。その日には、正しいさばき主である主が、それを私に授けてくださいます。私だけでなく、主の現れを慕い求めている人には、だれにでも授けてくださるのです」。

福音のために山坂を走り抜いて来たパウロを待っておられる方がいる。主イエスが、その冠を手にして待っていています。それは勝利の冠であり、神からの誉れです。私たちが普通に考えるならば、それは神からの報い、神からの誉れだと思うではありませんか。

しかしパウロの考えでは、もしかしたら違うのかもしれません。パウロは先ほどのピリピ人への手紙4章1節で、「ですから、私の愛し慕う兄弟（姉妹）たち、私の喜び、冠よ」と言っています。ということは、神さまからいただく冠と共に、パウロの奉仕の生涯において、別の冠、もっとすばらしい冠があるとしたら、それは自分が伝道して来たお一人一人。自分が信仰に導き、福音の戦いを共に担ってくれた一人一人がパウロの、そして私たちの冠なのです。

ユウオディアもシンティケも冠です。あなたがたこそが、私の報い、私の喜びだ。あなたがたこそが、私の冠だ。そういう考え方は、テサロニケ人への手紙第一 2章にも出てきます。

19節「私たちの主イエスが再び来られるとき、御前で私たちの望み、喜び、誇りの冠となるのは、いったいだれでしょうか。あなたがたではありませんか」。

20節「あなたがたこそ私たちの栄光であり、喜びなのです」。

ここでも「冠」という言葉が出て来て、「喜び」と「冠」が両方出て来ます。それはあなたのことだ、とパウロは言っています。伝道者の喜びは一体どこにあるのか。例えば教会が大きくなるということが喜びでしょう。あるいは、用いられて様々な場面で活躍する、それが伝道者の喜びだと考える人もいるでしょう。あるいは、御言葉の学びや宣教の研究に力を注ぎ、修道士のように霊的な修道に力を入れる人もいます。

しかし、パウロにとっての冠は、開拓してきた教会の数ではない、働きの大きさ、深さでもない。そんなつまらないことをあなたの冠、喜びとするな、と言わんばかりです。パウロは、ユウオディアとシンティケの問題を嘆いて、きびしく糾弾しているのではないのです。

あなたがたは、私の冠なのです。

3　パウロは、ここでみなの協力を求めています。

3節の最初に「そうです、真の協力者よ、あなたにもお願いします。彼女たちを助けてあげてください」とあります。

二人どうしでは向き合えないかもしれない。周囲の助けが必要なのかもしれない。これがなかなかむずかしいです。こういう状況で助けになれるとしたら、まず、不仲になっているどちらかの側に立たないことです。これがむずかしいです。いつの間にか、ユウオディアの側に立って、一緒になってシンティケを批判します。

あるいは、不仲があっても見て見ないふりをして、距離をおくことになるのでしょう。しかし、パウロはそれを見逃すことができません。なぜなら、あなたがたはこれまで福音のために一緒に戦ってきたではありませんか。同じいのちの書に名前が記されているではありませんか。だから、助けてあげてください。励まして、慰めて、助けの手を差し伸べてあげてください。

私たちは、一人一人が目標を目指して一心に走っているのではありません。教会として、目標を目指して走っているのです。見捨てずに、助けるのが私たちです。

十数年前のトリノのオリンピック、女子のクロスカントリーでこんな出来事がありました。決勝の最後の1周で、4人の選手がトップ集団にいました。トップにいたカナダの選手のストックが折れてしまいます。その瞬間に、彼女は4位に転落です。

ところが、すぐに沿道から代わりのストックが差し出されました。カナダの選手は、そこから奮闘して銀でゴールしました。一番メダルを期待されていたノルウェーは、4位に落ちてメダルを逃しました。

競技が終わって、映像とともに、カナダの選手に代わりのストックを差し出したのは誰だったのかということになります。なんとそれは、ノルウェーチームのコーチでした。ストックをカナダの選手に差し出したおかげで、ノルウェーは4位に落ちて、メダルを逃します。

ノルウェーのコーチは当然、注目を浴びることになります。そして彼は語ります。ノルディック競技の精神を。

そもそも、クロスカントリーは雪国では交通手段、移動手段だったそうです。それは競争というよりも、走る者皆が無事にゴールすることが最も大切であったと。それが競技となった今となっても、互いに助け合って初めて、雪上のマラソンが成り立っているのだと。

走る者皆が無事にゴールする。挫折する者がいれば、助ける。時に助けられる。そう考えますと、パウロが人生を「目標に向かって走る競技」にたとえたとき、それは、マラソンよりもクロスカントリーに似ているのか、と思いました。

覚えておいてほしいのです。誰一人、自分だけの力でここまで来た者はいません。時に友人が、時に先生方が、時にご家族の方々が、みなさんに代わりのストックを渡してくれたのです。これから先も、目標に向かって走るという人生において、必ず「共に、いっしょにゴールする」という精神が私たちを生かしてくれます。

「この人たちは（ユウオディアとシンティケ）、いのちの書に名が記されているクレメンスやそのほかの私の同労者たちとともに、福音のために私と一緒に戦ったのです」。ですから、助けてあげてください。

助けの手を差しのばしてあげてください。私たちは一人も脱落せずに、ゴールします。先にゴールした者は、雲の如くに取り巻いて応援していてくれます。誰が先輩、誰が後輩もありません。私たちは一緒に戦ってきたのです。これからもそうです。

〈第55回北海道ケズィック・コンベンション　聖会Ⅲ〉

神の救いの計画

鎌野　善三

ヘブライ人への手紙9章11～15節

今回、4回にわたって、「ヘブライ人への手紙」の連続講解説教をする機会が与えられていることを感謝します。第1回は1章から「神の御子キリスト」、第2回は5章から「より優れた大祭司」という題で話させていただきました。この二回の内容は、キリストは神の本質の現れであるにもかかわらず、旧約聖書の定めた大祭司ができなかった救いの御業をなすために、私たち人間と同じようになられた、とまとめられます。第3回として、今回は「神の救いの計画」という題で、このキリストによって、神は人間に対する救いの計画を明確に啓示されたことを、先ほど読んでいただいた個所から学びましょう。

この個所には「永遠」という語が3度用いられていることに注意してください。「永遠の贖い」、「永遠の霊」、「永遠の財産」です。これらの意味を探ってみるなら、神の救いの計画がどのようなものだったかが理解できるでしょう。

1　永遠の贖い

贖いとは聖書に何度も出てくる重要な概念で、神と人に対する人間の罪を赦すために、神がなされた御業と言うことができます。これこそ、神の救いの計画でした。アダムとエバは罪のゆえにエデンの園から追放されましたが、そのとき、神は彼らに「皮の衣」を与えられましたね。創造された世界で初めて、動物が殺されたことが示唆されています。罪の赦しのためには、動物の血が必要だったのです。

出エジプトの時には、小羊の血が家の入り口に塗られました。それによって、イスラエルの民は災いから救い出されました。この出来事は、その後モーセによって定められた幕屋での儀式の背景になったことは明らかです。「血を流すことなしには赦しはありえない」からです（9章22節）。神は永遠の昔からこの計画をお持ちで、その計画を実現するために、御子イエス・キリストを遣わされました。そして何の罪もないこのお方が、全人類の罪を背負って神の怒りの盃を飲みほされたのです。それゆえ神は宣言されます。「私は彼らの不正を赦し、もはや彼らの罪を思い起こすことはない」（8章12節）。

ヘブライ書には幾つかの謎があります。一つは著者も宛先も書かれていないことですが、旧約聖書からの引用が何度もされていることから考えると、両者とも、ヘブライ人つまりユダヤ人であることは容易に推測されます。もう一つの謎は、本書が書かれた時期です。紀元70年に、ユダヤ人が大切にしていたエルサレム神殿がローマ軍によって破壊されたのですが、このことが全く述べられていません。破壊以前に書かれたからという理由も十分考えられます。でも、「幕屋」や「聖所」という用語は使われているのに、何か奇妙な感を持ちます。主は受難の直前、最高法院で「人の手で造ったこの神殿を壊し、三日のうちに、手で造らない別の神殿を建ててみせる」と言ったと訴えられています（マルコによる福音書14章58節）。ヨハネ福音書は、この神殿とは主の体であると説いています（2章21節）。本書の著者も、目に見える神殿は有限なもので、主イエスこそ永遠の神殿であることを確信していました。そしてこう断言します。「ただ一度イエス・キリストの体が献げられたことにより、私たちは聖なる者とされたのです」（10章10節）。永遠の贖いは、罪が赦されることから始まりますが、それだけではなく、私たちを「聖なる者」とするのです。

このことを、十年ほど前に放送されたテレビ番組を例として説明しましょう。奈良県のある小学校で、食物がどのように自分たちのもとに届けられるかを学ぶため、一匹の子豚をクラスで飼育することにしたそうです。子どもたちは「P子ちゃん」と名付け、餌をあげて育てました。十分に大きくなった頃、先生は「それではこれを業者に渡して、肉にしてもらいましょう」と言ったのですが、子どもたちは大反対。当然です。皆が愛していたP子ちゃんを食べることなど、とてもできません。しかし最終的に業者が連れていきます。子どもたちは大泣きしたということです。

11~12節をご覧ください。旧約時代の大祭司より優れた「恵みの大祭司」として来られたキリストは、動物よりも、神殿よりも、はるかに優れたご自身の体をもって十字架にかかり、「永遠の贖いを成し遂げられ」ました。私たち罪人の身代わりとなって、死んでくださったのです。これが神の救いの計画だと知った者は、心からキリストに感謝し、キリストを愛するようになります。そして、この方を二度と苦しませることのないように、「聖なる者となりたい」と願います。それこそ、神が人間に望んでおられる生き方だからです。キリストの十字架は、神が永遠の昔からもっておられた計画を実現しました。十字架こそ、神の救いの計画の中心であり、罪人が聖なる者と変えられる根拠だからです。しかし、「聖なる者となりたい」と願いながらも、現実には様々な悪の誘惑に負けてしまいやすい私たちであることも認めねばなりません。だからこそ次の節が記されたのです。

2　永遠の霊

13~14節をお読みしましょう。旧約聖書には、雄山羊・雄牛・雌牛、それ以外にも、羊や鳩など、幾種類もの動物が犠牲として献げられていたことが記されています。そこには、レビ記に細かく記されているような厳格な定めがありました。13節は、民数記19章の規定に基づいてなされていた儀式です。

汚れた者たちを「聖別し、その身を清める」道が、旧約聖書の時代にも、ちゃんと用意されていたことがわかります。

しかし、さらに優れた大祭司であるキリストは、動物ではなく、「永遠の霊によってご自身を傷のない者として神に献げられ」ました。つまり、神の霊の働きがあってこそ、救いの御業がなされたのです。そして、動物の血や灰が「その身を清めるとすれば」、まして「キリストの血は、私たちの良心を死んだ行いから清め」ないはずがないと宣言します。これもまた、永遠の霊の働きによるものです。キリストの血は、永遠の霊によって、罪人の身を清めるとともに、良心をも清めてくださるのです。新共同訳聖書で「永遠の〝霊〟」と訳されている句は、新改訳聖書では「とこしえの御霊」となっています。この訳語のほうが、清められるのは聖霊の働きであることをより明確に示しているでしょう。

御子イエスは、十字架と復活の御業を完了された後、昇天されました。そして父なる神の御座の右で私たちのために執り成してくださっています。しかし聖霊は「真理の霊」であって、御子イエスの教えられたことをことごとく思い起こさせてくださるために、今も私たちと共に、私たちの内にいてくださいます（ヨハネによる福音書14章17節）。御子イエスのなされた救いの御業を、現実の私たちに実現させてくださるのです。そして、「生ける神に仕える者」と造り変えてくださいます。何とすばらしい恵みでしょうか。

これが15節に述べられている「新しい契約」です。旧い契約では、神の救いの計画は、律法の定める様々な規定によって進められていました。しかし、契約を守れなかった民のために、神はエレミヤを通して「新しい契約を結ぶ」と約束されました。キリストはこの「新しい契約の仲介者」です。神と人の間に立って執り成してくださり、神と人とを結び付けてくださるのだ、と本書の著者は8章7節~13節でも明記しています。

私は牧師家庭の八人兄弟の末っ子として生まれました。両親は私が誕生する前から、私が伝道者となるようにと祈っていました。私もそのつもりでいました。しかし成長するにつれて、人の目には隠されていても、神がご存じの罪が自分にあることがわかってきました。そして高校2年生の時、主イエスがその罪を赦してくださるために十字架で死んでくださったと信じることができたのです。私が誕生する前から聖霊は働いていていてくださり、罪を示してくださり、悔い改めて神の子とされる道に導いてくださいました。さらにまた、大学や神学校での生活の中で、聖霊はいよいよ豊かに働いてくださいました。何度も何度も罪を示して悔い改めに導き、誘惑に勝つ力を与え、より深く主を愛する者へと造り変えてくださり、今のように、神の恵みを語る伝道者として用いてくださっているのです。

聖霊は、主イエスを救い主として信じた者たちのために、永遠の昔から働き続けておられます。天地創造のときにすでに神の霊は働いておられました（創世記1章1節）。旧約の時代にも、多くの人々に神の霊は臨みました。そしてあのペンテコステの日に、「すべての肉なる者にわが霊を注ぐ」という主の約束は成就したのです（ヨエル書3章1節）。

今も聖霊は働き続けておられます。聖書を読むときに、説教が語られるときに、神に祈っているときに、いえ普段の生活を送っているときにも、聖霊は導いておられます。問題は、この聖霊のお働きを認め、受け入れているかどうかです。私たちを「死んだ行いから清め」、「生ける神に仕える者」としてくださるのは聖霊です。このことは、自分の力でできることではないことを、皆さんも実感されていることでしょう。自分の力や行いに信頼するのはやめましょう。私たちを愛してくださっている主イエスが、今も自分と共にいてくださる、私の内に働いてくださるという信仰によって、「主イエス様」、「主イエス様」と聖名を呼び求め、聖霊に寄り頼んで歩みましょう。時間はかかるかもしれませんが、必ず「御霊の実」は結ばれていきます。このように、永遠の御霊は私たちが変えられるための動力となってくださいますが、さらにもう一つのすばらしい神の計画が、次に述べられています。

3　永遠の財産

15節をご覧ください。「永遠の財産を受けるため」と記されています。新改訳聖書では、財産ではなく資産という訳語になっており、財産よりもっと豊かな感じがします。新約聖書の中で十数回用いられているこの語は「相続財産」と訳されることもあり、本書の11章8節では、アブラハムが「受け継ぐことになる土地」と説明されています。興味深いのは、この語が用いられている主イエスの譬話です（マタイによる福音書21章）。主人が造ったぶどう園を借りた農夫たちが、収穫の時、遣わされた僕を殺してしまうというあの話です。最後の手段として主人が遣わした息子を見て、僕たちは言います「殺して、その財産を手に入れよう」。何と罪深い僕たちでしょうか。

主に反抗して罪に罪を重ねていた私たちを愛し、御子イエスは十字架で贖いを成し遂げてくださいました。それればかりか、そんな私たちに主人の財産を与えてくださるというのです。パウロはエフェソの信徒への手紙1章18節で、「聖なる者たちの受け継ぐものがどれほど豊かな栄光に輝いているか」を悟ることができるように、と祈っています。相続財産ですから、現在はまだ手に入っていないものでしょう。しかし、それは必ず与えられます。それを望みつつ歩んでいくのが、私たちの歩みなのです。

バックストンがこんな例話を用いています。ある貧しい農夫のところに一人の紳士が訪れ、「あなたの土地を高額で売ってほしい」と申し出ました。辺鄙なところにあって、しかも痩せている自分の土地がそんなに高く売れるはずがないと驚く農夫に、「この土地の地下に、莫大な量の原油があることが分かったのです」と紳士は伝えたのです。そのとき、農夫は叫びます。「貧乏たらしく生きてきた自分の人生は何だったのか」と。

そうです。私たちには「神の国」という、他では決して得ることのできない財産が約束されています。そこは、「もはや死もなく、悲しみも嘆きも痛みもない」新しい世界です（ヨハネの黙示録21章4節）。

死に至る病をもっているような、私たちの「体の贖われる」ところです（ローマの信徒への手紙8章23節）。アブラハムは、「約束のものは手にしませんでしたが、はるかにそれを見て喜びの声を上げ」ていたと本書の著者は証言します（11章13節）。11章には、アブラハム以外にも、この「信仰によって」歩んだ多くの先達たちを描いています。現代の私たちにも、この財産は約束されています。あなたは今、それを「信仰によって」手に入れることができるのです。

十字架による罪からの贖いは、過去に実現した神の計画です。神の国という財産は、将来実現する神の計画です。そして、聖霊による聖なる歩みは、現在、実現しつつある神の計画です。私たちを愛し、私たちと共にいてくださるキリストは、この計画を推し進めるためにこの地上においでくださいました。このことをもっともっと喜ぼうではありませんか。

〈2019 北海道ケズィック・コンベンション　バイブルリーディングII〉

神の恵みを探し求める

ジョナサン・ラム

ルツ記2章

何年か前のこと、ハンガリーのブダペストに学生ミニストリーを訪ねました。友人がわたしをドナウ川を見下ろす丘に連れて行ってくれました。旧市街から町全体が見えるすばらしい場所です。夜だったので町中の明かりが見え、空気も澄んでいてそれは美しいものでした。友人は毎週のようにそこに行くのだ、そうするとなにか新しい物の見方ができるのだと言いました。彼女が何を言っているかすぐ理解できました。忙しい毎日を送っていると、いろいろな細かいことで心が一杯になり、それしか見えなくなってしまいます。高いところに上って物事を新鮮に見る時間がわたしたちには必要です。今の自分がもっと大きな神の物語の文脈の中にあることを見るのです。

1章に見るルツとナオミの生活は、つらい出来事で満ちていました。神の計画や目的もわからずに過ごしていました。しかし、2章に入ると違った視点が現れます。何がすばらしいかというと、著者には神の計画が何であるか見えているということです。この物語は人間の視点からだけでなく、神の視点からも書かれていると言えます。ルツ記のここかしこに神の手の跡を見ることができるのです。

1　神の手の働きを見る（1〜7節）

まず1節に、これから神が何をなさるか、その情報が与えられています。それはルツがまだ知らないことです。「ナオミの夫エリメレクの一族には一人の有力な親戚がいて、その名をボアズといった」。物語が展開していくにつれて、このことの重要さがわかってきます。3節でルツは出かけて行き、畑で落穂拾いを始めます。そしてそれがボアズという人の所有する畑だと知るのです。3節でもボアズが親戚だと言われています。「たまたまエリメレクの一族のボアズが所有する畑地であった」と。そして次の4節に別の手がかりが出てきます。英語では「たまたまその時（Just then）、ボアズがベツレヘムからやって来た」とあります。信じられますか。つまり、これらを総合すれば「神が何かなさろうとしておられる」ことがわかりますね。人の営みの上に、見えない神の温かい支配があるのです。

新聞でチャーリー・ブラウンの漫画（「ピーナッツ」）を読みました。チャーリー・ブラウンが本を読んでいるのですが、なぜか顔をくっつけるようにして本を読んでいるのです。ちょっと辛辣なルーシーがやって来て「一体何をやっているの？　チャーリー・ブラウン」と言うと、「ぼくは行間を読もうとしているんだ」と答えます。わたしたちは、何かの話を新聞で読んだり、テレビで見たりします。それは表面にある人間の側のストーリーです。しかし、その行間にもう一つの話があるのです。神の側のストーリーです。どんな出来事の背後にも神の手が働いているのです。

フィリピ1章でパウロは獄中にいます。彼は伝道者ですから、外に出られないとフラストレーションがたまるはずです。しかし、パウロは別の出来事を見ていました。行間を読んでいたのです。彼は鎖につながれ、4人一組の兵士四組が付いていました。彼らは福音を聞くことから逃げられない聴衆となりました。1章で彼は「実際、牢に入れられたことは良かった、人々がわたしばかりに頼っているのではなく、自分から福音を伝えるようになった」と言っています。牢に入れられ、まったく見込みがないと思える状況を、パウロは神が開かれた機会と見ていたのです。

セルビアのベオグラードにわたしの親友がいます。彼は町で一番高いマンションの最上階に住んでいました。ユーゴスラビア紛争の時、町は空爆を受けました。そんな状況で最上階に住んでいることは危険以外の何物でもありません。しかし、彼のメールには、いつも明るいメッセージがありました。あらゆる状況が福音を伝える機会となっていると。空爆が始まると地下室に集まってくる住人たちや、避難のために乗ったタクシーの運転手に福音を語りました。彼はもう一つの出来事を見ていました。

ルツ記2章もそうなのです。わたしたちクリスチャンの生き方に、このような信仰の視点を持つことが重要です。「目に見えるものによらず、信仰によって」歩むのです（Ⅱコリント5章7節）。

2　神の守りを知る（8～12節）

ベツレヘムにたどり着いたルツには大変不利な2つの状況がありました。1つはやもめであったことです。家族もいない、知っている人もいない、見向きもされない人でした。もう1つは彼女が外国人だったことです。ルツ記は何度も「モアブの女ルツ」と言っています。彼女はアウトサイダーでした。ですからルツは自分で自分の面倒を見ようとします。自分と義理の母ナオミのためになんとか食べ物を探さなければなりません。やもめであり、外国人であることは、生易しいことではありませんでした。しかし、彼女はそこに神の守りを見出します。

それには3つの点があります。第一に法によって定められた社会的支援です。2節に出てくる落穂拾いとは、レビ記と申命記に出てくる社会福祉制度です。収穫をする人たちに畑の隅まで刈り尽くさないようにと勧められています（レビ記19章9節）。また、こぼれた穀物を拾い集めないように、やもめや孤児や外国人のために残しておきなさいと言われています。それは土地の所有者たちに、本当の所有者は主であることを思い出させるものです。自分たちは神が与えられた土地の管理人なのだと。貧しい人に憐れみを示すということは、主の彼らに対する憐れみを映すことなのです。

ルツは第二の守りを見出します。ボアズの保護です。実際の落穂拾いは危険と隣り合わせでした。虐待されたり、強姦されたりする可能性もありました。だからボアズは心配したのです。「ほかの畑に行ってはいけない、わたしの畑の中にいなさい」（8節）。「あなたに触れないように若い人たちに言っておこう」（9節）。ナオミも言っています。「よその畑で、だれかからひどい目に遭わされることもない」（22節）。そのように彼女はボアズから保護を受けました。「有力な」（1節）とは誠実という意味も含んでいます。彼は貧しい人たちをいつも心にかけていました。ルツにもそうしたのです。

第三にルツは神ご自身の中にある守りを見出します。彼女は外国人でしたが、イスラエルの神に自分自身をささげました（1章16、17節参照）。2章12節のボアズの言葉に、彼女が神の中に見出した安全が表現されています。「どうか、主があなたの行いに豊かに報いてくださるように」。ルツの行いとは、ナオミの世話をするために自分をささげたことです。そして後半です。「イスラエルの神、主がその御翼のもとに逃れて来たあなたに十分に報いてくださるように」。彼女は外国人で、よそ者でした。すべてを失った人です。しかし今や主ご自身の御翼の陰に安らぎを見出したのです。「御翼のもとに」とは、なんと美しい表現でしょうか。わたしたちも主イエスに出会う前は外国人であり、よそ者、アウトサイダーでした。「しかしあなたがたは、以前は遠く離れていたが、今や、キリスト・イエスにおいて、キリストの血によって近い者となったのです」（エフェソの信徒への手紙2章13節）。わたしたちは主イエスのもとに逃れてきたのです。神の家族に入れられたのです。主の守りを経験しています。何が起ころうとも主の翼の中にいることを知っています。神がわたしたちを手放すことはありません。

3　神のやさしさを経験する（13～23節）

この「やさしさ」という言葉は旧約聖書に250回も出てきます。その意味は「神との交わりの温かさ＋神の真実という安心」です。それは愛の関係であり、神が絶対にわたしたちを手離さないとご自身をささげられた関係です。1章8節でナオミがベツレヘムに帰ろうとする時に2人の嫁に言います。「あなたたちは死んだ息子にもわたしにもよく尽くしてくれた。どうか主がそれに報い、あなたたちに慈しみを垂れてくださいますように」。また16、17節でルツが約束して言う言葉の中に、彼女のナオミとナオミの神に対する変わらない愛が示されています。3つの点でお話ししたいと思います。

1つ目は「ナオミに対するルツのやさしさ」です。ルツはナオミを愛して自分自身を惜しみなくさざげます。ナオミのために自分の生活を自己犠牲として明け渡してしまうのです。それは彼女が主に安心を見出したからです。このことは主イエスを信じるわたしたちすべてに共通しています。わたしたちは主の中に安心を見つけました。それで今、主のために生きることができます。ヨハネは第1の手紙の中で「わたしたちが愛するのは、神がまずわたしたちを愛してくださったからです」（ヨハネの手紙一4章19節）と言っています。わたしたちもそのように言うことができます。

次に「ルツに対するボアズのやさしさ」です。14節でボアズは収穫をする人たちといっしょに食事をするようにルツを招きます。彼女は外国人です。食事に招くという時点ですでに境界線を越えています。それだけで終わらずに彼は自分の手でルツに食事を渡すのです。彼はそこにいる人たちの中で一番偉い人です。その彼が給仕をしているのです。そして15、16節で、彼はルツが畑の隅だけでなく畑のどこででも、いくらでも拾えるようにします。これらすべてが神の手が働いていることの「しるし」だと思いませんか。神が社会的、経済的、民族的な壁を乗り越えて働かれているのです。パウロはキリストの恵みの業について「そこではもはや、ユダヤ人もギリシア人もなく、奴隷も自由な身分の者もなく、男も女もありません。あなたがたは皆、キリスト・イエスにおいて一つだからです」（ガラテヤの信徒への手紙3章28節）と語っています。

最後の点は「神のやさしさ」です。ナオミはベツレヘムに戻ってきた時、「空っぽの手で帰って来た（1章21節参照）」と言いました。しかし今、ルツが大量の大麦を背負って家に帰ってきたのです。すでに神の豊かさ、祝福のしるしが見えています。義理の母は義理の娘に次々と質問をします。「1日中どこにいたの」。「こんなたくさんどうやって集めたの」。そして20節にすばらしい言葉があります。「どうか、生きている人にも死んだ人にも慈しみを惜しまれない主が、その人を祝福してくださるように」。ナオミはその人がボアズだと聞いた時、「その人はわたしたちと縁続きの人です。わたしたちの家を絶やさないようにする責任のある人の一人です」と言いました。ナオミはそこにボアズの寛大さ以上のものを見ていました。ナオミの目に、そこに働く神の手が見えてきたのです。

わたしたちが神の愛を経験する時、それがわたしたちに他の人を犠牲的に愛する力を与えてくれるということです。主イエスの内に示されたわたしたちに対する神の愛こそ、わたしたちが神の家族として互いに愛しあう愛し方のモデルです。夫婦の間にも同じことが当てはまるとパウロは言っています。そして、それはわたしたちが周りにいる世界の人を愛する時にも当てはめるべきことです。いかがでしょうか、あなたはこの確かな愛を、主のやさしさを経験なさっていますか。今日お話しした「やさしさ」の意味を覚えていますか。それは「神との交わりの温かさ」に「神の真実という安心」が合わさったものです。神の交わり、神の真実、それ以外に何も要りません。

終わりにローマの信徒への手紙8章に書かれているパウロのすばらしい言葉を心に留めましょう。「どんな被造物も、わたしたちの主キリスト・イエスによって示された神の愛から、わたしたちを引き離すことはできないのです」(39節)。敵意だらけの社会も、経済的などん底も、迫害も、死でさえも。パウロは言います「しかし、これらすべてのことにおいて、わたしたちは、わたしたちを愛してくださる方によって輝かしい勝利を収めています」(37節)。ですからルツの物語は、どんな状況が起ころうとも、神の目的は達成するのだとわたしたちに教えてくれているのです。神の愛は必ず守ってくれる。「神を愛する者たち、つまり、御計画に従って召された者たちには、万事が益となるように共に働くということを、わたしたちは知っています」(ローマの信徒への手紙8章28節)。ルツとナオミはその神の愛を発見したのです。

〈2019 北海道ケズィック・コンベンション　バイブルリーディングⅢ〉

神にすべてを明け渡す生き方

ジョナサン・ラム

ルツ記3章

ルツ記3章では、聖書の中でも珍しい展開が起こります。これは「姑の策略」とか「誘惑のストーリー」だと、冗談めかして言う人もいます。しかし、これから見ていくストーリーは、誘惑どころか、むしろ神に献身した者たちの模範的な生き方が描かれているのです。そのようなことを念頭に置いて、この章を少しずつ見ていきたいと思います。

1　神のご計画に応答する

まず、ここまでのストーリーを簡単に振り返ってみましょう。ナオミは外国で夫を亡くし、二人の息子も死に、すべてを失いました。残ったのは嫁のルツでした。そのような絶望的な状況の中で、ルツとの関係を通して、彼女の心は次第に回復していきました。そして3章に入ると、ナオミは主に対する希望を新たにし「わたしは神から忘れられているわけではない。神の御心の中で、自分にも何かできることがあるのではないか」と感じ始めます。そしてナオミはある行動に出るのです。ここからどのような展開になるのか、まず1節をみてください。

「姑のナオミは彼女に言った。『娘よ。あなたが幸せになるために、身の落ち着き所を私が探してあげなければなりません』」（1節）。

ナオミはルツが将来的には新しい夫と再婚し、自分の居場所を見つけるように願いました。ナオミは自分自身の居場所よりも、まず嫁のルツに安定して生活できる場所を与えたいと願っているのです。そして2～4節でナオミはルツに助言します。

「あなたが一緒にいた若い女たちの主人ボアズは、私たちの親戚ではありませんか。ちょうど今夜、あの方は打ち場で大麦をふるい分けようとしています。あなたはからだを洗って油を塗り、晴れ着をまとって打ち場に下って行きなさい。けれども、あの方が食べたり飲んだりし終わるまでは、気づかれないようにしなさい。あの方が寝るとき、その場所を見届け、後で入って行ってその足もとをまくり、そこで寝なさい。あの方はあなたがすべきことを教えてくれるでしょう」（2～4節）。

ナオミは、ボアズが親戚であることを知ると、ルツに彼の所に行くように助言しました。しかも、ただ挨拶に行くというのではなく「身なりを綺麗にして、香水をつけ、着物をきて、ボアズが床に着いたときに、寝床に近寄り、足の覆いをめぐって寝なさい」というのです。この個所だけ読むと、未亡人であるルツをこのような方法で向かわせるなんて、ナオミは何を考えているのかと思われるでしょう。しかし、これは決して「姑の策略」や「誘惑のストーリー」ではありません。この個所を読み解く上で大切なポイントは、この背後に神のご計画があり、ナオミも、ルツも、ボアズも、それぞれに神からの役割が与えられ、彼らはそれに忠実に応答していったということなのです。さらに言うと、これこそルツ記に出てくる大切な原則なのです。神の働きと、人間の応答はいつも一緒になって働くということなのです。

この原則は、他の聖書の個所にも出てきます。例えば、ヨシュア記1章2節の出来事です。神は「わたしのしもべモーセは死んだ。今、あなたとこの民はみな、立ってこのヨルダン川を渡り、わたしがイスラエルの子らに与えようとしている地に行け」と命令しています。神は、約束の地を示されましたが、その土地を手に入れるためには、イスラエルの人々が自分たちで行動を起こさなければいけなかったのです。

このように、わたしたちは神により頼みつつ、自分の意思で神に従い応答していくことが求められているのです。

2　主の御翼の陰に身を避ける

さて、5節に入ると、ルツはナオミの助言に従ってボアズを訪ねます。あたりはすっかり暗くなり、星の光が野原を照らしているような状況です。この静かな夜に、ルツはボアズの居場所を見つけて、彼の部屋にそっと入り込み、彼の足元の覆いをはがして、そこに横たわりました。ある旧約聖書学者によると、眠っている人を静かに起こす1番の方法は、足を冷やすことだというのです。ルツはそれを行動に移しているのです。

さて、しばらくするとボアズが目を覚まします（8節）。すると、自分の足元に女の人が横たわっているのです。彼は「あなたはいったい誰ですか」と尋ねます（9節）。ルツは、「わたしはあなたのしもべです」と答えました。実は、この短い会話に重要な意味が隠されているのです。まず、ルツが何を要求しているのか見てください。

「私はあなたのはしためルツです。あなたの覆いを、あなたのはしための上に広げてください。あなたは買い戻しの権利のある親類です」(9節)。

ここで使われている「覆い」という言葉は、長い布やスカートを表す言葉ですが、同時に「鳥の翼」を意味する言葉でもあります。この同じ言葉を、2章でボアズが使っています。しかも、ルツへの祈りの中で使っているのです。

「主があなたのしたことに報いてくださるように。あなたがその翼の下に身を避けようとして来たイスラエルの神、主から、豊かな報いがあるように」(2章12節)。

そして今度は、ルツがボアズに対して「あなたがわたしを守る者になってください」とお願いしているのです。つまり、ルツは「あなたが祈ったように、あなたがわたしを守ってください」とお願いしているのです。

このルツの行動に対し、ボアズは「あなたが言うことはすべてしてあげましょう」と答えます。この時ボアズは、どんな犠牲を払ってもこの女性の求めに応じようと考えています。なぜなら、ルツが自分の人生をすべて神に、またナオミに捧げるという決断をし、異邦人でありながら、ナオミに従ってきた女性であることを知っていたからです。

このようなルツの従順さを覚える時、わたしはインドへの宣教師であったエブリン・ブランドのことを思い出します。彼女はご主人と2人で宣教師としてインドに渡りました。しかし、数年経った頃、ご主人が亡くなってしまったのです。まさにルツと似たような境遇でした。異国の地で、夫に先立たれてしまったのです。彼女は、悲しみに沈み、帰国の途につきました。ところが一年経ったころ、彼女は再びインドに戻る決意をしたのです。それから彼女は残りの生涯をインド宣教に捧げ、多くの孤児の世話をし、病気の人々を見舞い、農民を助けながら福音を伝えました。彼女は「神が与えてくださった体を、神が遣わされた場所で用いなければ、何の意味もない」と言い、最後までイギリスには帰らず、95歳で天に召されるまで、インドで暮らしたのです。彼女をよく知る村人はこう言いました。「グラニーおばさんは、誰よりもこの世で生き抜いた人だった」と。ルカの福音書17章33節でイエスはこのように言っています。「自分のいのちを救おうと努める者はそれを失い、それを失う者はいのちを保ちます」。

このみ言葉にあるように、エブリン・ブランドは自分のいのちを犠牲にしながら、主にある本当のいのちを見出した人だったのです。そして、ルツも同じように、自分の思いではなく神の御心に従って、本当の平安を見出した人なのです。これは、わたしたちにとっても意味深いことです。状況は違えども、わたしたちも日々困難に直面します。そのような中で、神に信頼するのか、または他のものに頼るのか決断を迫られると思います。しかし、本当の平安はキリストのために生きる時にのみ得られるのです。主の中にこそ本当の平安といのちがあるのです。夫や妻に真の安らぎを見出すのではなく、仕事の実績や収入にでもなく、また人からの評価や地位にでもなく、主に信頼し、主の御翼の陰に身を避けることが大切なのです。

3　主の誠実さに倣う

ボアズとルツの誠実さ

次に、ボアズとルツの誠実さについて見ていきたいと思います。11節で、ボアズは「この町の人々はみな、あなたがしっかりした女であることを知っています」と、彼女がしっかりした女性であると認めています。この「しっかりした」という言葉は、箴言31章で書かれている「しっかりした妻」と同じ言葉なのです。さらに興味深い点は、ユダヤ教の聖書では、箴言の次にルツ記が集録されています。つまり、箴言の最後で、「しっかりした妻」について書かれ、その後にルツ記が始まるのです。また同じ言葉が、ルツだけではなくボアズに対しても使われているのです。2章1節でボアズに対して使われている「有力な」という言葉と同じなのです。このようにルツとボアズ両者とも誠実な品性を兼ね備えており、行動においても清さを保っていたということが聖書に記されているのです。

優しさに表れる誠実さ

さて、ここまで順調に進んでいたストーリーが足踏み状態になります。ボアズは、自分以上にルツを買い戻す権利のある親類がいると正直に伝えます（12節）。その上で、もし彼が買い戻しの権利を行使しないと言うのなら、彼自身がその務めを果たしましょうと言うのです。ルツはこのことを聞いて静かに去っていきます。

しかし、この時ボアズは彼女を「手ぶら」では帰しませんでした。大麦六杯を量り、それを彼女に渡したのです（15節）。ルツは、ナオミのところに帰ると、その一部始終を報告しました。実は、ここで使われている「手ぶら」という言葉には重要な意味があります。1章でナオミが嘆きながら使った「素手で」という言葉と一緒なのです。

「私は出て行くときは満ち足りていましたが、主は私を素手で帰されました。どうして私をナオミと呼ぶのですか。主が私を卑しくし、全能者が私を辛い目にあわせられたというのに」（1章21節）。

1章で、ナオミは神がすべてを取られたと嘆いているのですが、物語が進むにつれて、その素手を恵みで満たす神の姿が描かれているのです。つまり、主はわたしたちの側にいて、わたしたちが悲しむ時に、憐れみと優しさを示してくださり、わたしたちを素手で帰したりはせず、良いもので満たしてくださる方だと言うことが示されているのです。このボアズの行動には、贖い主の姿が表されているのです。

忍耐に表れる誠実さ

さて、ルツから報告を聞いたナオミは言います。「娘よ、このことがどう収まるか分かるまで待っていなさい。あの方は、今日このことを決めてしまわなければ落ち着かないでしょうから」（18節）。ナオミは、ここまでルツに対して色々な指示を出してきました。しかし、最後は神の御手に委ねて結果を待ちなさいと言っているのです。

みなさんもご存知のように、「待つ」ことは簡単なことではありません。しかし、クリスチャンにとって忍耐をして待つことは大切なことです。それはただの楽観主義ではなく、神は必ず働いてくださると確信して待つということなのです。つまり、わたしたちの信仰の表れでもあるのです。

この3章を通して、ルツとボアズ、そしてナオミの献身的な生き方、また主への信頼を学ぶことができました。わたしたちも彼らのように、生活のすべてにおいて神の主権を認め、その御心を求め、従うことが大切です。そのように主にすべてを明け渡して歩む時、周囲の人々がわたしたちの生き方を通して神を知るようになるのです。わたしたちは普段どのような振る舞いをしているでしょうか。プレッシャーに対してどのように反応し、隣人にどのように接しているでしょうか。すべてをコントロールされる主に信頼し、主の誠実さに倣い歩んでいくものとされましょう。

〈2019 北海道ケズィック・コンベンション　バイブルリーディングⅣ〉

神の驚くような恵み

ジョナサン・ラム

ルツ記第４章

皆さんと一緒にこのルツ記という一つの本をたどるという楽しい時も今回が最終回のクライマックスです。４章でわかることは、ルツ記全体が教えていることですが、わたしたちは神を絶対的に信頼することができ、神は必ずわたしたちに最善のものを備えてくださるということです。

ボアズはルツを自分の妻として迎えたいと思いましたが、問題はボアズよりも近い親戚がいて、その人がまず買い戻しをする権利を持っていたことです。その一番近い人が結局結婚するかどうかを決めることができるので、状況がどうなるかわからないわけです。ナオミは言いました「今は静かに待ちなさい」と。今日は４章を読んでいきます。

1　高価な買い戻し

4章に入って場面は町の中心地の門に移ります。この門とは単なる門ではなく、そこで商売をしたり集まって情報を集めたりする場で、町の中心となっていました。1節に「ちょうど、ボアズが言ったあの買い戻しの権利のある親類が通りかかった」とあります。ボアズよりも先に買い戻しの権利を持っているその人がたまたま通りかかったのです。チャンスだと思ってボアズはその町にいる10人の長老を集めます。3節〜6節で、ボアズは自分よりも権利を持っている人と交渉します。彼はその人に買い戻すことのできる土地があることを伝えました。でももしその人がその土地を買わないのであれば、ボアズに買うことのできる権利が回ってきます。売られている土地はかなり安い値段で買えたでしょう。その人以上に近い親類はいませんから、一度買ってしまえば後から文句を言われることはありません。彼は買い戻すと言いました。このままではルツがどうなってしまうのか心配です。ところがその後5節でボアズが反撃に出ます。「買い戻す条件として、土地だけでなく同時に家族も買い取らなくてはいけません」と。つまりその畑を買うにはルツという女性も自分のものにしなければなりません。その時も繰り返して言われているのは、「あの異邦人モアブの女ルツ」です。そうなるとこの親類にとってはうまい話にはなりません。もしルツと結婚してルツが男の子を産んだなら、その土地はやがてその子どもが買い戻すことになります。そこでこの人は興味をなくし、買い戻すことはできないと言いました。この人にとって大事なことは、それが得になるかどうかだったのです。

今度はボアズの番です。ボアズは自分の得ではなく他の人のために犠牲的な愛を払う、それが彼の生き方でした。こういう心の人こそ買い戻すのにふさわしい人です。買い戻しの権利には代価を払うことが含まれています。英語ではリディーマーと言いますが、「買い戻す」を言い換えると「贖う人」というのは、神を表す言葉でもあります。神がその手を伸ばしてわたしたちを買い戻すためには、犠牲を払わなければいけないのです。客観的にはボアズには買い戻す義務はないのです。彼が買い戻す決心をしたのは、義務からではなく愛の心でやりたいという気持ちでした。愛とはそういうものです。

本当の愛は、他の人に対して全てを犠牲にして献身する、献げていくということです。それがボアズによって現れていて、このボアズの決断もまた、もう一人の贖い主なるお方、イエスを指し示しています。ヨハネの黙示録5章で、ヨハネは幻の中で天を見上げました。そして新しい歌が歌われているのを聞きました。その歌は何かというと「あなたは屠られて、あらゆる種族、言語、民族、国民の中からご自分の手で人々を贖われました」という歌でした。十字架で流された血という犠牲をもってイエスはあらゆる人々を贖ってくださいました。ルツ記4章が示しているのはこの贖い主の姿です。神は値段がつけられない犠牲を払われました。それは地上の全ての人々を救うためでした。

2　驚くような恵み

ボアズは門のところで決断をします。そこに集まっていた長老たち、民たちが11節~12節で、ボアズとルツに神の祝福があるように、二人の間に子孫がたくさん生まれるように祈りました。

時々神は神の王国を逆さまにします。8つの幸いの言葉でイエスが言われているのは、お店の値札を逆さにしてひっくり返すようなことです。安いものは高いものに、高いものは安いものにひっくり返る。主イエスの幸いは普通の考えとは全く反対のものですよね。強い者が祝福されるのではなくて、柔和な者が幸いだと言われました。神の王国は驚くべき恵みです。そのような例がルツの物語の中にも何回も出てきます。

当時の社会では女性は横に追いやられます。それは今日でも、ある文化ではいつも男性中心で、男が女を養い、男が全てのことを決める、そういう社会があります。ところがルツ記では外国人で女性のルツがナオミを養い助けます。4章15節ではルツが産んだ赤ちゃんのことが言われています。ルツに赤ちゃんが生まれて集まった女たちは「その子はあなたを元気づけ、老後のあなたを養うでしょう。あなたを愛するあなたの嫁、7人の息子にもまさる嫁が、その子を産んだのですから。」(15節)と言いました。一人の嫁が7人の息子よりも価値がある、偉大だと言われています。すごいですよね。このユダヤの社会では息子は神の祝福であり、しかも7というのは完全数です。ところが人々は、ルツは7人の息子よりも尊いと言ったのです。それは本当に驚く恵みです。

11節~12節をみると他の女たちと一緒にルツがほめたたえられています。その女性の中の一人タマルも社会から見ればアウトサイダーでした。でもそのような立場の人であっても神は御心のために用いていきます。ボアズとルツの結婚は国際結婚です。民族間を超えた結婚は当時嫌われるものでした。ところがそういう文化であったのに、17節に「彼女たちはその名をオベデと呼んだ。オベデは、ダビデの父であるエッサイの父となった」とあります。これは逆転の神の世界です。ルツとナオミが偉大なダビデ王の家系の中に入り込んでいるのです。そして最終的にはイエスという王の王、主なる方の家系に入っていくわけです。これは神の驚く恵みです。

マタイ1章の系図の中にもルツは登場します。ユダヤでは本来男性の名前だけの系図なのに、マタイが記したイエスの系図には4人の女性が出てきます。しかもその中の一人がルツでした。つまり神が御子イエスを地上に送るために、この女性の生き方の中に働いていたのです。ルツは異邦人で、ラハブは売春をしていました。ユダヤ人に軽蔑されていたモアブの女が神のみ翼の陰に自分の居場所をみつけ、イスラエルの家族の中に入りこんでいくということを誰が考えていたでしょうか。その家系からイエスがお生まれになります。この神の王国の中にルツが含まれたように、わたしもあなたも含まれているのです。神はいつでもわたしもあなたも喜んで迎えてくださいます。それこそが神の驚くべき恵みです。

3　喜びに満ちた回復（13節～17節）

「ボアズはルツを迎え、彼女は彼の妻となった。ボアズは彼女のところに入り、主はルツを身ごもらせ、彼女は男の子を産んだ。女たちはナオミに行った。『主がほめたたえられますように。主は、今日あなたに、買い戻しの権利のある者が途絶えないようにされました。その子の名がイスラエルで打ち立てられますように』」(13節〜14節)。

二人の女性の状況をぐるーっと円を描いてすっかり元の状態に回復させてくださる、それが神の恵みです。この回復について3つのことを述べています。

第一の点は14節の何も無いところからの回復です。ナオミは最初「わたしは何もない。空っぽだ」と言いました。ところが14節で、大逆転します。彼女の生活は全く新しくされ、回復されました。彼女がベツレヘムに戻って来た時には何も持っていませんでしたが、今は自分の腕に孫を抱いています。1章で町の人たちが見たナオミは何も持たず、悲しみ、落ち込んでいました。ところが14節で女たちは、喜んで笑顔で「ナオミさん、すごいですね」と言っています。1章ではナオミは自分には二度と子どもも孫も生まれないと言っていたのに4章では膝の上に赤ちゃんがいます。これは福音です。それは喜びに満ちた回復です。コロサイ書1章13節〜14節でパウロは「御父は、わたしたちを暗闇の力から救い出して、愛する御子のご支配の中に移してくださいました。この御子にあって、わたしたちは、贖い、すなわち罪の赦しを得ているのです」と言いました。わたしたちは皆、暗闇の支配下から、光の世界へと移していただいた者たちです。それは全く何もない虚しいところから満たされた者へと変えられたということです。

もう一つのことは、祈りから実現へということです。1章でナオミは二人の嫁のために主の祝福を祈りました。そして4章13節で神はルツに男の子を与えられました。ルツは異邦人でしたが、祝福の源となりました。主の手が働いていたことの印です。このストーリーには混沌から王へという展開があります。士師記、ルツ記の時代は混乱の時代でした。それは全ての人が自分の目で見て良いと思うことをやっていた時代だからです。それが原因かもしれませんが、その結果ベツレヘムで飢饉が起こりました。ところが英語の聖書では、4章22節の最後はダビデというユダヤ人の最も偉大な王の名前で終わっています。混沌混乱で始まり、ダビデという王様で終わるのです。さらには偉大なる王なるイエスが後から来ることを暗示しています。これはわたしたちの人生においても、混沌から最終的にイエスによって栄光の状態に変えられるということを意味しています。

ところで回復が必ずしもナオミの痛みや悲しみを取り除いたわけではありません。わたしたちも信仰を持ったからといって、人生の困難や災いからいつも逃れられるという保証はありません。また回復を祈り求めても、それを地上で生きている間は見ることができないかもしれません。でもわたしたちには最終的な回復の時があります。だからわたしたちは神を絶対的に信頼できるのです。またわたしたちの究極的なアイデンティティと避け所は主ご自身です。主のみ翼の陰にわたしたちは自分の場所を持つのです。

３つ目のことは普遍的な祝福です。18節～22節にはペレツの系図が出てきます。この系図は神のわたしたちに対する究極的な御心を表しています。神が世代を通し時代を超えて、ずっと働き続けておられることを示しています。それは最終的にはダビデへ、さらに進んでイエス・キリストにまで続いていきます。それは全ての人に及ぶ祝福がここから始まっているということです。つまりこの出来事の中にわたしたちのための贖い主なるお方の希望があるということです。ルツ記の中に買い戻す人が３人います。ボアズがお金を払って土地を買い戻し、ルツと結婚をしました。彼が買い戻した人の一人です。ルツは言われました。「7人の息子よりも価値のあるのはルツだ」と。ナオミを生かすためにルツは自分の全てを犠牲にしました。ルツも仕える者であり、買い戻す者でした。そして14節のオベデです。オベデは「仕える者、主に仕える者」という意味です。女たちは14節で「主は、今日あなたに買い戻しの権利のある者が途絶えないようにされました」と言っています。オベデはナオミの子どもや孫がいないという状態を終わりにし、彼女の世話をしていくのです。

このベツレヘムという小さな町で何世紀も後に御使いが叫びましたね。「今日ダビデの町で男の子が生まれました。この方こそ主なるキリストです」。ベツレヘムとは「パンの家」という意味です。神はこの二人の女性の空の状態を満たされました。そしてイエス・キリストが生まれ、全ての人の虚しいところを命のパンが満たしていく、それが神の御心です。

主にある兄弟姉妹の皆さん、わたしたちは自分の生き方全てをこの神に明け渡すことを心配する必要はありません。神の約束はいつも信頼できます。そして今日も主イエスが聖書の中の約束を実現されている途中です。全てが完成をする最後の時、わたしたちは主と顔と顔を合わせるのです。だから神のご計画をわたしたちは100パーセント信頼することができるのです。

あとがき

新型コロナウイルス禍での２０２１年の日本ケズィック・コンベンションは、東京大会を吸収してオンライン開催となりました。各地区ケズィック・コンベンションも、それぞれの地域の実情を勘案しながらさまざまな開催方法をとりましたが、開催することができました。そのような中で、例年刊行している説教集も、どのようにしたらよいかと思いましたが、ここに『わたしたちの希望～パンデミックの時代に』をお届けすることができ、感謝しています。

ケズィック・コンベンションは、１８７５年以来、イギリスの湖水地方にあるケズィックという町で毎年開催されてきました。日本では１９６２年（昭和37年）に開催された「日本キリスト者修養会」を契機に、翌年から「日本ケズィック・コンベンション」が開催されてきました。２０２１年はその第60回の記念すべきコンベンションでした。

第60回日本ケズィックに立てられた講師は、ジョナサン・ラム師（英国ケズィック元委員長）、ロジャー・ウィルモア師（アメリカ。南部バプテスト教会）、ロバート・カンビル師（インド、世界聖書協会総主事）で、それぞれ事前に説教を収録して送ってくださいました。聖会の日本人講師は、毎年通訳として立てられている山崎 忍師（ウェスレアン・ホーリネス浅草橋教会牧師）、小西直也師（北本福音キリスト教会牧師）、錦織 寛師（ホーリネス東京中央教会牧師）の三師と、青年宣教大会のために大嶋重徳師（鳩ヶ谷福音自由教会牧師）が立てられました。

各地区のコンベンションからは、沖縄の齊藤清次師（那覇ナザレン教会牧師）と比嘉幹房師（糸満シーサイドチャペル牧師）、九州の深谷春男師（日本基督教団新宿西教会牧師）、大阪のウィルモア師（前出）、東北の藤本 満師（イムマヌエル高津キリスト教会牧師）、北海道の鎌野善三師（日本イエス西宮聖愛教会牧師、日本ケズィック・コンベンション委員長）の説教を収録しました。

そして最後に２０１９年の北海道ケズィックより、ジョナサン・ラム師によるルツ記の3回の説教を収録しました。２０１９年の説教集『神の愛に満たされて』とあわせてお読みください。

また、録音されたメッセージを原稿にするに際して、説教者と通訳者、編集者以外に、阿部頼義師（エバンジェリカル・コングリゲーショナル・チャーチ、グレース ガーデン チャーチ牧師）、峯野慈朗師（独立新生葛飾キリスト教会牧師）、羽佐田 和世師（ホーリネス東京中央教会副牧師）、佐久眞 武三師（ウェスレアン・ホーリネス沖縄第一聖潔教会牧師、沖縄ケズィック委員長）、鎌野善三師（前出）が協力してくださいました。心より感謝いたします。

また編集・出版に際しては、田畠照子姉（ウェスレアン・ホーリネス浅草橋教会員）、西脇 久仁子姉（ケズィック事務局）、安田正人兄（株式会社ヨベル社長）にお世話になりました。

引き続き新型コロナウイルス禍にある諸教会、信徒、また日本社会全体に、この小さな書物が、慰め、励まし、希望となりますように。

2021年9月11日

日本ケズィック・コンベンション中央委員会
出版担当 大井 満

Ⅰペト 1：15～16,2：9,3：9,5：10	2000	聖なる者となれ	19	R.F. ブラウン	神の奉仕への召し
Ⅰヨハ 1:1～4	2006	聖なる道－キリストに生きる	40	R. エイメス	教える御言葉
Ⅰヨハ 1:1～2:2	2008	神は今どこにおられるのか	57	岩井 清	至福の交わり
Ⅰヨハ 1:40～42	2008	神は今どこにおられるのか	155	H. レンドル夫人	シモンからケパへ　キリスト者の霊的成長
Ⅰヨハ 3:1～3	2003	変えられる祝福	130	R. エイメス	イエスのごとくなる
Ⅰヨハ 3:1～3	2008	神は今どこにおられるのか	43	R. ウィルモア	私たちに賜わった神の愛
Ⅲヨハ	2001	輝けるクリスチャン生活	108	峯野龍弘	キリストの愛のメール
ユダ 20～25	2005	すべてを可能にする神	21	T . レンドル	全くきよくすることのできる神
黙示 1:1～20	2008	神は今どこにおられるのか	9	J. ラム	全てを支配しておられるイエス・キリスト
Ⅰコリ 3:10～13, Ⅰテサ , 黙示 1:2～3 等	1997	恵み溢れる御手	146	久保木 勁	教会を建て上げるために
黙示 2:8～11	2008	神は今どこにおられるのか	18	J. ラム	生きる覚悟と確かな希望
黙示 2:10	2011	生きるとはキリスト	71	原田憲夫	死に至るまで忠実でありなさい
黙示 5:1～14	1998	勝利する道	29	R. エイメス	ほふられた羊
黙示 5:1～14	2019	聖なるたたずまい	42	D. オルフォード	新しい歌を歌え
黙示 7:9～12	2008	神は今どこにおられるのか	27	J. ラム	天国の幻

聖書箇所	年	書　名	頁	講師名	説教題
ヘブ 13:7～8	2012	十字架につけられた民を捜し求める神	71	藤村和義	神の言葉を語った指導者
ヘブ 1:1～4,12:1～2	2002	聖霊による希望	99	D.オルフォード	イエス・キリストに目を注げ
ヤコ 1:22～27	2006	聖なる道－キリストに生きる	115	D.オルフォード	実践的なクリスチャン生活
ヤコ 1:2～8,12	2017	真実の憐れみをもって招く神	140	A.ウィッティングヒル	全てにおいて主に信頼する
Ｉペト 1:15～16,2:1～10	1992	永遠と愛	193	増田誉雄	
Ｉペト 1:13～21	1993	聖別された生活	24	S.オルフォード	聖くあれ
Ｉペト 1:1～12	1993	聖別された生活	79	P.ハッキング	
Ｉペト 1:13～23	1993	聖別された生活	92	P.ハッキング	
Ｉペト 1:1～3,13～16	2000	聖なる者となれ	6	R.F.ブラウン	キリスト者は何を考えるべきか
Ｉペト 1:3～5	2005	すべてを可能にする神	98	J.ラム	将来の希望に生きる
Ｉペト 1:1～16	2007	福音の豊かさにあずかる道	84	峯野龍弘	聖なる生涯への招きと主のご期待
Ｉ列王4:8～10,Ｉペト 1:13～16	2008	神は今どこにおられるのか	70	R.ウィルモア	神の聖なる人
Ｉペト 1:1～25	2017	真実の憐れみをもって招く神	55	R.カンビル	神のまことの恵み
Ｉペト 1:15～16, 2:1～10	1992	永遠と愛	193	増田誉雄	
Ｉペト 2:1～12	1993	聖別された生活	104	P.ハッキング	
Ｉペト 2:1～10	2008	神は今どこにおられるのか	119	T.レンドル	喜べ、神は今、日本に神の宮を建てておられる
Ｉペト 2:9～12	2014	御座から流れるいのちの水	119	齋藤清次	驚くばかりの恵み
Ｉペト 5:1～2	1993	聖別された生活	138	P.ハッキング	
Ｉペト 5:5～11	2000	聖なる者となれ	29	R.F.ブラウン	私たちは何をなすべきなのか
Ｉペト 5	2012	十字架につけられた民を捜し求める神	96	小助川次雄	聖なる生活を慕い求めて
Ｉペト 1:13～2:12	2002	聖霊による希望	51	D.オルフォード	聖なる民の責任

Ⅱテモ 2:14～15	2001	輝けるクリスチャン生活	127	S. オルフォード	御言葉を宣べ伝える宣べ伝えなさい
Ⅱテモ 2:1～7	2018	聖霊に満たされて歩む	151	R. ウィルモア	兵士
Ⅱテモ 3:12～17, ヨハ 17:17	1999	日常性の中の聖さ	102	R.F. ブラウン	聖書の正しい学び方
Ⅱテモ 3:10～4:5	2020	神の愛に満たされて	149	錦織 寛	若者よ、み言葉を！
フィレ 1～25	1993	聖別された生活	117	峯野龍弘	美しい人間関係におけるホーリネス
フィレ	2016	主にあって勝利するキリスト者	94	工藤弘雄	三者三様の聖徒たち
ヘブ 2:9～18	2011	生きるとはキリスト	36	D. オルフォード	私たちの本当の必要に答えてくださるイエス・キリスト
ヘブ 3:7～19	1998	勝利する道	78	S. オルフォード	神の警告
ヘブ 4:14～16	2003	変えられる祝福	41	R・エイメス	大祭司イエス
ヘブ 5:1～10	1998	勝利する道	56	エリック.クライトン	大祭司、キリスト
ヘブ 7:24～26	1993	聖別された生活	162	堀内 顕	
ヘブ 7:20～8:2	2005	すべてを可能にする神	10	T. レンドル	永遠に救うことのできる神
ヘブ 7:16～25	2006	聖なる道ーキリストに生きる	30	R. エイメス	救う御言葉
ヘブ 10:10～18	2019	聖なるたたずまい	161	竿代照夫	聖なるものとされている恵み
ヘブ 11:32, 士師 6:11～16	2016	主にあって勝利するキリスト者	129	R. ウィルモア	ギデオン　大きな神がおられる小さな男
ヘブ 12:1～3	1992	永遠と愛	77	D. キンロー	
ヘブ 12:1～4	1998	勝利する道	88	S. オルフォード	勝利の処方
ヘブ 12:7～13	2000	聖なる者となれ	49	峯野龍弘	実践的ホーリネス
ヘブ 12:12～17	2009	最前線からの手紙	119	村上宣道	聖なる生活を追い求め
エフェ 5:10, Ⅱコリ 1:5～9, ヘブ 13 : 21	1997	恵み溢れる御手	123	R.F. ブラウン	
ヘブ 13:7～8	1998	勝利する道	104	藤村和義	きよめを見せる
ヘブ 13:1～8	1998	勝利する道	120	S. オルフォード	金メダルを目指せ
ヘブ 13:20～21	2006	聖なる道ーキリストに生きる	76	D. オルフォード	私たちの内に働く神の力

聖書箇所	年	書　名	頁	講師名	説教題
フィリ 3:1 ～ 4:1	2018	聖霊に満たされて歩む	134	I. コフィ	しっかりと立ちなさい
	1997	恵み溢れる御手	131	G. プロバスコ	
フィリ 4:1 ～ 7	2001	輝けるクリスチャン生活	152	S. オルフォード	輝けるキリスト者の生活
フィリ 4:1 ～ 7	2005	すべてを可能にする神	105	H. レンドル夫人	喜びの中にある婦人
フィリ 4:1 ～ 9、II コリ 3:12 ～ 18、4:4	2015	主の栄光を映し出しながら	79	B. ニューマン	キリストのように生きるために
コロ 1:3 ～ 14	2018	聖霊に満たされて歩む	76	永井信義	神に喜ばれる歩み
コロ 3:1 ～ 4	1995	聖なる挑戦	131	中島秀一	キリストと共にあるいのち
I テサ 1	1992	永遠と愛	181	峯野龍弘	
I コリ 3:10 ～ 13, I テサ 1:2 ～ 3 等	1997	恵み溢れる御手	146	久保木 勁	教会を建て上げるために
I テサ 1:8 ～ 10	2012	十字架につけられた民を捜し求める神	79	錦織博義	響き出る主の言葉
I テサ 2:1 ～ 12	1996	聖なる輝き	112	P. ハッキング	
I テサ 2:1 ～ 8	1999	日常性の中の聖さ	95	J.W.P. オリバー	福音をゆだねられた者として
I テサ 4:1 ～ 12	2015	主の栄光を映し出しながら	63	本間義信	神に喜ばれる生活
I テサ 4:1 ～ 8	2017	真実の憐れみをもって招く神	9	S. ブレディー	神に喜ばれる生き方とは
I テサ 4:13 ～ 18	2017	真実の憐れみをもって招く神	18	S. ブレディー	この世はどうなって行くのか
I テサ 5:14 ～ 24	2001	輝けるクリスチャン生活	6	S. オルフォード	聖められた生活
I テサ 5:16 ～ 24	2017	真実の憐れみをもって招く神	106	澤村信蔵	きよめの人生の幸い
I テサ 5:12 ～ 15	2017	真実の憐れみをもって招く神	28	S. ブレディー	教会が健全であるために
I テモ 1:12 ～ 17	2019	聖なるたたずまい	155	D. オルフォード	あなたと私への福音のメッセージ
I テモ 2:1 ～ 7	2013	第一のものを第一に	32	J. ラム	地域教会において、第一のものを第一に
I テモ 4:1 ～ 16	2018	聖霊に満たされて歩む	95	I. コフィ	長続きするリーダー
II テモ 2:1 ～ 7	1993	聖別された生活	130	S. オルフォード	

エフェ5:1～21	2018	聖霊に満たされて歩む	47	竿代照夫	御霊に満たされる喜び
エフェ6:10～18	1997	恵み溢れる御手	114	W.プロバスコ	武装せよ
エフェ6:10～20	2013	第一のものを第一に	63	R.カンビル	クリスチャン生活の成熟
エフェ2:19～3:1,3:14～19	2020	神の愛に満たされて	59	J.オズワルト	神の愛の諸相
フィリ1:20	1996	聖なる輝き	7	尾花 晃	キリストがあがめられる生活
フィリ1:1～6	1996	聖なる輝き	19	S.T.カマレーソン	福音の宣教における協力
フィリ1:18～23	1997	恵み溢れる御手	101	本田弘慈	死もまた儲けもの
フィリ1	2009	最前線からの手紙	101	I.コフィ	何のために生きるのか
フィリ1:21	2011	生きるとはキリスト	9	R.エイメス	わたしにとって生きるとはキリスト
フィリ1:19～26	2012	十字架につけられた民を捜し求める神	62	R.ウィルモア	生きることはキリスト
フィリ1:12～20	2012	十字架につけられた民を捜し求める神	163	R.ウィルモア	キリストがあがめられるために
フィリ2:1～24	2006	聖なる道－キリストに生きる	87	D.オルフォード	派遣され得るしもべ
フィリ2:1～11	2009	最前線からの手紙	9	R.エイメス	キリストにあってわれらは一つ
フィリ3:1～11	1991	ホーリネスの美	72	S.T.カマレーソン	変貌させるキリストの能力
フィリ3:17～21	1996	聖なる輝き	29	S.T.カマレーソン	宣教のための同労者
フィリ3:17～21	1996	聖なる輝き	39	S.T.カマレーソン	キリストのよきパートナー
フィリ3:1～16	2004	聖なる神に出会う喜び	135	S.オルフォード	明け渡された生涯
ヨハ9:25,ルカ10:41～42,フィリ3:13～14	2006	聖なる道－キリストに生きる	95	久保木 勁	ただ一つのことを
フィリ3:7～11	2006	聖なる道－キリストに生きる	126	H.オルフォード	キリストを知ること、生きること
フィリ3:4～6	2009	最前線からの手紙	109	I.コフィ	キリスト者の情熱
フィリ3:1～4:1	2010	回復される神に出会う	152	S.T.カマレーソン	神の国の文化
フィリ3:12～16	2012	十字架につけられた民を捜し求める神	112	R.ウィルモア	栄冠を目指して走る
フィリ3:3～16	2016	主にあって勝利するキリスト者	9	R.ウィルモア	パウロ ── 一事に励むクリスチャン

聖書箇所	年	書　名	頁	講師名	説教題
エフェ2:1～10	1999	日常性の中の聖さ	17	J.W.P.オリバー	キリストと共に
エフェ2:19～22	2008	神は今どこにおられるのか	103	T.レンドル	神の民 ― 特別な神殿
エフェ2:8～10	2017	真実の憐れみをもって招く神	80	S.ブレディー	神の女性となること
エフェ3:14～21	1991	ホーリネスの美	55	S.T.カマレーソン	あらゆる苦い根からの解放
エフェ3:14～21	1995	聖なる挑戦	109	S.ブリスコー	
エフェ3:14～21	2003	変えられる祝福	52	R・エイメス	神はすべての豊かさに満たされる
エフェ3:14～21	2011	生きるとはキリスト	78	峯野龍弘	使徒パウロの“黄金の祈り”
エフェ3:1～21	2020	神の愛に満たされて	156	J.リスブリッジャー	恵みの中で生きる
エフェ4:26	1991	ホーリネスの美	140	瀬尾要造	怒り ― 良いか？　悪いか？
エフェ4:1～16	1992	永遠と愛	37	K.K.K.ウェストン	
エフェ4:1～16	1995	聖なる挑戦	116	K.K.K.ウェストン	
エフェ4:25～32	2000	聖なる者となれ	38	S.オルフォード	聖霊を悲しませてはいけません
エフェ5:15～21	1993	聖別された生活	44	S.オルフォード	御霊に満たされよ
エフェ5:17	1995	聖なる挑戦	7	尾花晃	神の御旨は
エフェ5:15～21	1995	聖なる挑戦	42	S.ブリスコー	
エフェ5:21～33	1996	聖なる輝き	120	S.T.カマレーソン	
エフェ5:10, Ⅱコリ1:5～9, ヘブ13:21	1997	恵み溢れる御手	123	R.F.ブラウン	
エフェ5:15～21	2000	聖なる者となれ	60	S.オルフォード	御霊に満たされた生活
エフェ5:3～18	2001	輝けるクリスチャン生活	164	D.ビンガム	光の子として歩む
エフェ5:21～33	2010	回復される神に出会う	141	S.T.カマレーソン	燃え尽きずに燃え続ける
エフェ5:15～21	2012	十字架につけられた民を捜し求める神	30	T.レンドル	神は御霊に満たされた人を求めておられる
エフェ5:15～18	2017	真実の憐れみをもって招く神	115	アル・ウィッティングヒル	聖霊に満たされた生活の本質と必要性

IIコリ4:7～12,16～18	2020	神の愛に満たされて	95	J.リスブリッジャー	失望しない
IIコリ6:11～7:1	2008	神は今どこにおられるのか	111	T.レンドル	神の言葉を受け入れるために心を開こう
IIコリ9:6～15	2005	すべてを可能にする神	30	T.レンドル	あらゆる恵みをあふれるばかり与えることのできる神
IIコリ12:1～10	2012	十字架につけられた民を捜し求める神	136	齋藤清次	十分な恵み
IIコリ12:1～10	2018	聖霊に満たされて歩む	85	村上宣道	弱さにあらわれる神の完全
フィリ4:1～9, IIコリ3:12～18、4:4	2015	主の栄光を映し出しながら	79	B.ニューマン	ｷﾘｽﾄのように生きるために
IIコリ4:16～5:10	2005	すべてを可能にする神	51	ジョナサン・ラム	クリスチャンの希望の土台
IIコリ6:1～7:1	2005	すべてを可能にする神	62	J.ラム	クリスチャンの誠実への召命
ガラ2：20	1995	聖なる挑戦	141	毛戸健二	主に在る勝利の生活
ガラ2:15～21	2015	主の栄光を映し出しながら	128	T.レンドル	わたしのうちにあるキリスト
ガラ2・19～20	2020	神の愛に満たされて	113	横田法路	神が喜ばれるｷﾘｽﾄ中心の信仰
ガラ3:28	2010	回復される神に出会う	152	S.T.カマレーソン	神の国の文化
ガラ5:13, 22～24	2009	最前線からの手紙	86	E.エイメス	神と共に歩むこと
ガラ5:16～26	2012	十字架につけられた民を捜し求める神	142	C.プライス	御霊の実、喜び、平和
ガラ5:16～21	2015	主の栄光を映し出しながら	119	工藤弘雄	肉の人から御霊の人へ
エフェ1:1～14	1992	永遠と愛	25	K.K.K.ウェストン	神の栄光ある恵み
エフェ1:15～23	1995	聖なる挑戦	19	S.ブリスコー	エフェソ人への祈り
エフェ1:15～23	1999	日常性の中の聖さ	27	J.W.P.オリバー	パウロの祈り
エフェ1:3～14	2007	福音の豊かさにあずかる道	103	峯野慈朗	この世は「聖」なる人を求めている
エフェ1:3～14	2013	第一のものを第一に	44	R.カンビル	クリスチャン生活の土台
エペ1:15～23	2014	御座から流れるいのちの水	54	S.ブレディー	私たちの内に働く神の力
エフェ2:1～10	1995	聖なる挑戦	30	S.ブリスコー	救い

聖書箇所	年	書　名	頁	講師名	説教題
Ⅰコリ3:10～13, Ⅰテサ1:2～3等	1997	恵み溢れる御手	146	久保木 勁	教会を建て上げるために
Ⅰコリ5:1～8	1992	永遠と愛	106	本田弘慈	キリストの血によりて
Ⅰコリ6:12～20	2003	変えられる祝福	10	T. レンドル	神の栄光をあらわしなさい
Ⅰコリ6:19～20	2008	神は今どこにおられるのか	96	T. レンドル	神は今、どこに住んでおられるのか
Ⅰコリ6:9～20	2010	回復される神に出会う	101	古波津保秀	聖霊の宮として
Ⅰコリ9:19～23	2002	聖霊による希望	88	村上宣道	すべてのことを福音のために
Ⅰコリ13	1998	勝利する道	141	相田 望	一つとなるために
Ⅰコリ15:50～58	1993	聖別された生活	65	S. オルフォード	堅く立て
Ⅰコリ12:31～14:1	2015	主の栄光を映し出しながら	18	D. オルフォード	真実の愛を追い求めなさい
Ⅱコリ1:5～9, エフェ5:10, ヘブ13:21	1997	恵み溢れる御手	123	R.F. ブラウン	
Ⅱコリ1:8～10	2002	聖霊による希望	75	本間義信	日々、主の背をみつめて
Ⅱコリ1:1～11	2013	第一のものを第一に	106	J. ラム	価値のある試練
Ⅱコリ2:14～16	2013	第一のものを第一に	144	久保木 勁	私たちの任務
Ⅱコリ3:1～6,17～18	1998	勝利する道	67	E. クライトン	キリストの手紙
Ⅱコリ3:12～18	2000	聖なる者となれ	88	横山義孝	主の栄光を映し出す生涯
Ⅱコリ3:17～18	2002	聖霊による希望	20	S. オルフォード	自由への戦略
Ⅱコリ3:6～18	2003	変えられる祝福	72	岡田信常	キリストに似る
Ⅱコリ4:1～15	2005	すべてを可能にする神	41	J. ラム	クリスチャンの奉仕の代価
Ⅱコリ4:18	2005	すべてを可能にする神	147	横田武幸	永遠に続くもののために
Ⅱコリ4:7～15	2008	神は今どこにおられるのか	140	横田武幸	私たちは宝を持っている
Ⅱコリ4:1～6	2013	第一のものを第一に	21	J. ラム	キリストに仕えるために、第一のものを第一に
Ⅱコリ4:1～6	2019	聖なるたたずまい	98	J. ラム	第一のものを第一に

ロマ 3:21～31	2007	福音の豊かさにあずかる道	51	C. プライス	「キリストの十字架」は何のためか
ロマ 5:1～11	2010	回復される神に出会う	73	小寺 徹	希望を支える神の愛
ロマ 5:1～11	2019	聖なるたたずまい	71	鎌野善三	クリスチャンの喜びの源
ロマ 6	2012	十字架につけられた民を捜し求める神	19	T. レンドル	十字架につけられた民を捜し求める神
ロマ 6:13	2018	聖霊に満たされて歩む	125	R・ウィルモア	神に用いられる人生の秘訣
ロマ 7:15～25	2007	福音の豊かさにあずかる道	67	C. プライス	二つの霊的法則
ロマ 7:24～25, 8:32	2013	第一のものを第一に	82	岩井 清	御子とともに与えられる神の恵み
ロマ 7:13～8:4	2004	聖なる神に出会う喜び	10	S. オルフォード	勝利の秘訣
ロマ 8:5～17	1998	勝利する道	19	R・エイメス	聖なる責任
ロマ 8:1～29	2002	聖霊による希望	121	D. オルフォード	霊的刷新のための力
ロマ 8:1～14	2011	生きるとはキリスト	89	R・エイメス	我らは裁かれることはない
ロマ 8:12～17	2011	生きるとはキリスト	102	R・エイメス	キリストと共同の相続人
ロマ 8:26～28	2011	生きるとはキリスト	112	R. エイメス	祈りの課題
ロマ 8:28～39	2011	生きるとはキリスト	121	R. エイメス	神に感謝します。
ロマ 8:31～39	2012	十字架につけられた民を捜し求める神	126	T. レンドル	圧倒的な勝利者となる
ロマ 11:33～12:2	2011	生きるとはキリスト	54	D. オルフォード	本物の力ある献身
ロマ 12:1～2	1994	聖手の下に	146	岩井 清	
ロマ 12:1～11 出ｴｼﾞﾌﾟﾄ 21:1～6	2000	聖なる者となれ	71	S. オルフォード	主に仕えよ
ロマ 1:1～5 ,12:1～5,16:25～27	2017	真実の憐れみをもって招く神	132	アル・ウィッティングヒル	神の全き献身への招き
ロマ 11:33～12:2	2001	輝けるクリスチャン生活	24	S. オルフォード	献げられた生活
ロマ 7:14～8:4	2002	聖霊による希望	8	S. オルフォード	勝利への戦略
Ⅰコリ 1:1～9	2002	聖霊による希望	132	R.F. ブラウン	どこにいても、聖い生活はできる
Ⅰコリ 1:1～2	2007	福音の豊かさにあずかる道	148	小助川次雄	キリスト・イエスにあって、聖なるものとされた

聖書箇所	年	書　名	頁	講師名	説教題
使徒 1:8	2015	主の栄光を映し出しながら	101	錦織 寛	聖霊の与える力に満たされて
使徒 1:6～14	2017	真実の憐れみをもって招く神	72	臼田尚樹	みな心を合わせて
使徒 2:14～41	2007	福音の豊かさにあずかる道	18	S. ブレディー	宣べ伝える価値のある福音
使徒 2:38～47	2014	御座から流れるいのちの水	91	高田義三	父の約束
使徒 3:1～10	2015	主の栄光を映し出しながら	70	吉田 眞	あなたの手にあるものは何か
使徒 5:12～16	2003	変えられる祝福	121	R・エイメス	光の中に歩む
使徒 6:3～8	2016	主にあって勝利するキリスト者	28	R・ウィルモア	ステパノ ― 聖霊に満たされた人
使徒 7:54～60, エゼ 36:25～27	1991	ホーリネスの美	89	S.T. カマレーソン	
使徒 7:54～60	1995	聖なる挑戦	150	朝野 洋	キリストに贖われた世界に生きる
使徒 8:26～40	1996	聖なる輝き	137	本間義信	あなたはどういう種類のクリスチャンか
使徒 9:1～31	2018	聖霊に満たされて歩む	9	I. コフィ	驚くばかりの恵み
使徒 11:19～30, 13:1～3, 15:1～3	2007	福音の豊かさにあずかる道	26	S. ブレディー	加わる価値のある教会
使徒 11:19～36	2020	神の愛に満たされて	122	S. ブレディー	健康な教会
使徒 12:1～19	2009	最前線からの手紙	52	I. コフィ	真の開放
使徒 15:36～41	2016	主にあって勝利するキリスト者	103	本間尊広	見捨てずに育ててくださる神
使徒 16:25～34	2009	最前線からの手紙	68	島田勝彦	家族をキリストへ
使徒 17:16～34	2018	聖霊に満たされて歩む	19	I. コフィ	知られない神を知る
使徒 18:1～11	2009	最前線からの手紙	35	I. コフィ	パウロと恐れ
使徒 19:1～20	2018	聖霊に満たされて歩む	29	I. コフィ	敵の勢力のただ中で
使徒 21:13～16	2013	第一のものを第一に	89	R. カンビル	ずっと以前からの弟子
ロマ 1:16～17	2007	福音の豊かさにあずかる道	36	C. プライス	「福音」とは何か
ロマ 1:16～17	2014	御座から流れるいのちの水	110	山﨑 忍	わたしは福音を恥とはしない

ヨハ14:12～26	2001	輝けるクリスチャン生活	35	S.オルフォード	御霊に満たされた生活
ヨハ14:1～6	2010	回復される神に出会う	106	小助川次雄	「道、真理、命」
ヨハ14:15～21	2020	神の愛に満たされて	104	鎌野善三	聖霊とはどんな方？
ヨハ15:1～17	1996	聖なる輝き	80	P.ハッキング	
ヨハ15:1～16	1999	日常性の中の聖さ	124	小山恒雄	神の選びのご目的
ヨハ15: 1～16	2014	御座から流れるいのちの水	124	長内和頼	選びの目的
ヨハ15: 1～17	2015	主の栄光を映し出しながら	137	T.レンドル	ぶどうの枝のように
ヨハ17:14～26	1994	聖手の下に	9	増田誉雄	真理による聖別
ヨハ17:20～26	1997	恵み溢れる御手	139	村上宣道	みなキリスト・イエスにあって一つ
ヨハ17:17, Ⅱテモ3:12～17	1999	日常性の中の聖さ	102	R.F.ブラウン	聖書の正しい学び方
ヨハ19	2016	主にあって勝利するキリスト者	37	I.コフィ	犠牲を払われた神の愛
ヨハ20:19～23	1999	日常性の中の聖さ	52	J.W.P.オリバー	聖霊による派遣
ヨハ20:19～23	2004	聖なる神に出会う喜び	32	S.オルフォード	宣教の働きの秘訣
ヨハ20	2016	主にあって勝利するキリスト者	47	I.コフィ	私たちを救う神の愛
ヨハ21:1 5～19	2007	福音の豊かさにあずかる道	118	岩本助成	あなたは私を愛するか
ヨハ21:1～25	2016	主にあって勝利するキリスト者	57	I.コフィ	きよくする神の愛
ヨハ1:35～42, 6:5～14, 12:20～23	1991	ホーリネスの美	106	G.ダンカン	補佐役アンデレ
ヨハ11:17～44, 12:1, 2,12～19, Ⅰテサ4:13～18	2001	輝けるクリスチャン生活	73	D.ビンガム	イエス・キリストの 最後の奇跡
ヨハ4:46～54, 20:31	2001	輝けるクリスチャン生活	47	D.ビンガム	イエス・キリストこそ希望
使徒1:1～8, ヨハ7:37～39	1994	聖手の下に	35	E.クライトン	生ける水の川
使徒1:1～11	2003	変えられる祝福	30	T.レンドル	未信者の世界における クリスチャンの証し

聖書箇所	年	書　名	頁	講師名	説教題
ヨハ 2:1 ～ 12	1999	日常性の中の聖さ	110	黒木安信	栄光の主イエス
ヨハ 2:1 ～ 12, ルカ 2:41 ～ 51, マル 3:20 ～ 21,31 ～ 35	2014	御座から流れるいのちの水	134	小西直也	マリヤの信仰に学ぶ
ヨハ 4:1 ～ 15	2011	生きるとはキリスト	152	小寺 徹	主との交わりの回復
ヨハ 4:1 ～ 26	2013	第一のものを第一に	125	R. ウィルモア	変えられた人生
ヨハ 4:43 ～ 54	2014	御座から流れるいのちの水	143	R. エイメス	み言葉に立つ信仰
ヨハ 5:1 ～ 9	2013	第一のものを第一に	175	R. ウィルモア	奇妙な質問
ヨハ 6:1 ～ 21	2001	輝けるクリスチャン生活	59	D. ビンガム	イエス・キリストはすべての領域の王
ヨハ 6:1 ～ 14	2002	聖霊による希望	111	H. オルフォード	適切で十全なるお方キリスト
ヨハ 7:37 ～ 39, 使徒　1:1 ～ 8	1994	聖手の下に	35	E. クライトン	生ける水の川
ヨハ 7:37 ～ 39	2008	神は今どこにおられるのか	49	R・ウィルモア	生ける水が川となって
ヨハ 7:37 ～ 39, エゼ 47:1 ～ 12	2015	主の栄光を映し出しながら	36	B. ニューマン	栄光に輝いた川のように
ヨハ 7:37 ～ 39	2018	聖霊に満たされて歩む	142	R・ウィルモア	クリスチャンの力と勝利の源
ヨハ 9:1 ～ 7	1993	聖別された生活	151	黒木安信	神のみわざに生かされる
ヨハ 9:25, ルカ 10:41 ～ 42, フィリ 3:13 ～ 14	2006	聖なる道－キリストに生きる	95	久保木勁	ただ一つのことを
ヨハ 10:7 ～ 21	1992	永遠と愛	53	D . キンロー	
ヨハ 11:1 ～ 27	2014	御座から流れるいのちの水	151	R・エイメス	このことを信じるために
ヨハ 12:1 ～ 9	1991	ホーリネスの美	131	G. ダンカン	感謝あふれる愛の働き
ヨハ 12:20 ～ 26	1992	永遠と愛	65	D . キンロー	
ヨハ 12:1 ～ 8, ルカ 10:38 ～ 42,	1995	聖なる挑戦	123	J・ブリスコー	
ヨハ 13:34 ～ 35, ガラ 5:16 ～ 26	2012	十字架につけられた民を捜し求める神	152	C. プライス	御霊の実、愛
ヨハ 14:1 ～ 14	1996	聖なる輝き	53	P. ハッキング	
ヨハ 14:15 ～ 31	1996	聖なる輝き	64	P. ハッキング	

ルカ 3:21～22	2018	聖霊に満たされて歩む	67	岡田順一	天に届く祈り
ルカ 4:14～30	2006	聖なる道ーキリストに生きる	50	R. エイメス	拒絶された御言葉
ルカ 5:1～11	1999	日常性の中の聖さ	7	峯野龍弘	ケズィック・コンベンションとはいかなるところか
ルカ 5:1～11	2003	変えられる祝福	111	T. レンドル	沖へ漕ぎだせ
ルカ 5:17～26	2003	変えられる祝福	62	R. エイメス	実践的ホーリネス
ルカ 5:1～11	2003	変えられる祝福	139	T. レンドル	沖へ漕ぎだそう
ルカ 5:1～11	2009	最前線からの手紙	18	R. エイメス	御言葉を宣べ伝える
ルカ 5:17～26	2009	最前線からの手紙	26	R. エイメス	主は彼らの信仰を見た
ルカ 5:1～11	2013	第一のものを第一に	55	村上宣道	恐れることはない、今からあなたは
ルカ 5:1～11	2014	御座から流れるいのちの水	46	峯野龍弘	祝福された共同体となるための重要な心得
ルカ 10:38～42, ヨハ 12:1～8	1995	聖なる挑戦	123	J・ブリスコー	
ヨハ 9:25, ルカ 10:41～42, フィリ 3:13～14	2006	聖なる道ーキリストに生きる	95	久保木勁	ただ一つのことを
ルカ 10:38～42	2013	第一のものを第一に	116	大井 満	御言葉に聞き続ける
ルカ 11:27～28	2013	第一のものを第一に	74	本間義信	神の言葉に生きる人
ルカ 12:49～50	2013	第一のものを第一に	97	飯塚俊雄	神の火を受けよ
ルカ 15:11～32	2005	すべてを可能にする神	88	中島秀一	救霊の情熱とその喜び
ルカ 17:11～19	2015	主の栄光を映し出しながら	9	D. オルフォード	イエスの御足のもとにおける礼拝
ルカ 18:35～42	2009	最前線からの手紙	78	R・エイメス	あなたは私に何をしてほしいか
ルカ 18:35～43	2012	十字架につけられた民を捜し求める神	9	T. レンドル	あなたはわたしに何をして欲しいのか
ルカ 19:1～10	1994	聖手の下に	120	E. クライトン	
ルカ 22:54～62	2013	第一のものを第一に	135	錦織博義	振り向かれる主
ルカ　24：49	1992	永遠と愛	169	尾花晃	
ヨハ 1:24～34	2017	真実の憐れみをもって招く神	99	小菅 剛	ひとり立てり
ヨハ 2:1～11	1997	恵み溢れる御手	40	W. プロバスコ	御霊に満たされた僕

聖書箇所	年	書　名	頁	講師名	説教題
マタ 20:1 ～ 16	1998	勝利する道	9	R. エイメス	信仰の自己吟味
マタ 20:1 ～ 16	2003	変えられる祝福	93	R. エイメス	キリストのための働き
マタ 24	2015	主の栄光を映し出しながら	88	峯野龍弘	ｷﾘｽﾄ者の家庭生活とその基本
マタ 28:16 ～ 20	2002	聖霊による希望	32	S. オルフォード	主の働きの戦略
マタ 28･19 ～ 20	2015	主の栄光を映し出しながら	54	B. ニューマン	すべての人を主の弟子とするために
マタ 28:1 ～ 10,16 ～ 20	2020	神の愛に満たされて	77	横田法路	原点に戻ろう
マル 1:35	2017	真実の憐れみをもって招く神	89	R. カンビル	牧師の働きとは
マル 3：13 ～ 17	2010	回復される神に出会う	81	錦織博義	証し人として生きる
マル 3:20 ～ 21,31 ～ 35, ルカ 2:41 ～ 51, ヨハ 2:1 ～ 12	2014	御座から流れるいのちの水	134	小西直也	マリヤの信仰に学ぶ
マル 4	2012	十字架につけられた民を捜し求める神	86	R. ウィルモア	聖霊の力によるﾐﾆｽﾄﾘｰのために
マル 4:35 ～ 41	2019	聖なるたたずまい	80	新川代利子	向こう岸に渡ろう
マル 5:25 ～ 34	1997	恵み溢れる御手	28	W. プロバスコ	きよめられた存在として
マル 12:28 ～ 34	2013	第一のものを第一に	9	J. ラム	クリスチャンの生活において、第一のものを第一に
マル 14:1 ～ 11	2002	聖霊による希望	62	D. オルフォード	主への全き献身
マル 14:1 ～ 11	2011	生きるとはキリスト	142	D. オルフォード	真実な献身の業
マル 15:33 ～ 39	2014	御座から流れるいのちの水	37	S. ブレディー	払われた犠牲 - 究極のクロスワードパズル
ルカ 1:1 ～ 4, 使徒 1:1 ～ 11	2007	福音の豊かさにあずかる道	9	S. ブレディー	愛する価値のある主
ルカ 2:41 ～ 52	1991	ホーリネスの美	7	E. クライトン	キリストの心を心とせよ
ルカ 2:36 ～ 41	2006	聖なる道－キリストに生きる	160	R. エイメス	キリストに出あった女性
ルカ 2:41 ～ 51, ヨハ 2:1 ～ 12, マル 3:20 ～ 21,31 ～ 35	2014	御座から流れるいのちの水	134	小西直也	マリヤの信仰に学ぶ
ルカ 3:1 ～ 6	2005	すべてを可能にする神	115	T. レンドル	あなたの心を神のための王路として備えよ
ルカ 3:21 ～ 22	2016	主にあって勝利するキリスト者	76	工藤弘雄	天が開かれたクリスチャン

ダニ6	2005	すべてを可能にする神	126	T. レンドル	おできになる神に信頼する
ダニ 12:13	2019	聖なるたたずまい	51	藤本 満	終わりまで行け
アモ 8:9 ～ 14	2007	福音の豊かさにあずかる道	76	齋藤清次	宣教と協力
ヨナ	1993	聖別された生活	7	瀬尾要造	深き淵から
ヨナ 1:1 ～ 3, 3:1	2010	回復される神に出会う	91	H. レンドル夫人	二度目のチャンス
ハバ 2:1 ～ 4	2014	御座から流れるいのちの水	160	大井 満	神に従う人
ハガ 1:1 ～ 15	1995	聖なる挑戦	52	K.K. ウェストン	
ハガ 1:1 ～ 15	2002	聖霊による希望	40	D. オルフォード	何を優先して生きるのか
ハガ 1:1 ～ 15	2004	聖なる神に出会う喜び	149	D. オルフォード	正しい優先順位
ハガ 2:1 ～ 9	1995	聖なる挑戦	65	K.K. ウェストン	
ハガ 2:10 ～ 23	1995	聖なる挑戦	79	K.K. ウェストン	
ハガ 2:1 ～ 9	2019	聖なるたたずまい	61	D. オルフォード	失望を乗り越える
ゼカ 2	1994	聖手の下に	136	横田武幸	
ゼカ 3:1 ～ 5	1997	恵み溢れる御手	18	W. プロバスコ	キリスト者の罪、その解決
ゼカ 4:1 ～ 14	2004	聖なる神に出会う喜び	22	S. オルフォード	わが霊によって
マタ 3:1 ～ 12	2006	聖なる道ーキリストに生きる	105	本間義信	キリストへの道しるべ
マタ 4：1 ～ 12	1991	ホーリネスの美	20	E. クライトン	聖なる生涯への優先順位　1
マタ 5:17 ～ 20	2009	最前線からの手紙	130	T. プライス	神のご性質を私たちの内に回復する　戒めの約束に変える
マタ 5:3 ～ 10	2018	聖霊に満たされて歩む	115	西岡義行	御国をもたらす民の聖別
マタ 5:1 ～ 16	2020	神の愛に満たされて	11	J. リスブリッジャー	天の国の価値観とインパクト
マタ 5:17 ～ 39	2020	神の愛に満たされて	21	J. リスブリッジャー	天の国の義と生きる
マタ 6:5 ～ 15	2020	神の愛に満たされて	86	A. リスブリッジャー	神の国の敬虔と報い
マタ 7:1 ～ 23	2020	神の愛に満たされて	31	J. リスブリッジャー	天の国の寛容とチャレンジ
マタ 9:35 ～ 38, IIテモ 2:15 ～ 21	2015	主の栄光を映し出しながら	46	村上宣道	「求む！ 働き人」イエス・キリスト
マタ 9:9 ～ 13	2017	真実の憐れみをもって招く神	148	郷谷一二三	燃え立つ神の憐れみによる招き
マタ 14:22 ～ 24	2014	御座から流れるいのちの水	101	プライス夫人	嵐の中で神を見出す

聖書箇所	年	書　名	頁	講師名	説教題
イザ 43:1 ～ 7	2006	聖なる道ーキリストに生きる	138	錦織 寛	あなたはわたしのもの
イザ 50	1991	ホーリネスの美	35	E. クライトン	聖なる生涯への優先順位　2
イザ 55:1 ～ 2	1993	聖別された生活	145	H. オルフォード	
イザ 59:1 ～ 2	1992	永遠と愛	140	D. キンロー	神と併せる人
イザ 59:12 ～ 21	2007	福音の豊かさにあずかる道	130	村上宣道	人なきをあやしまれた
エレ 1:8 ～ 11	1994	聖手の下に	113	R.F. ブラウン	
エレ 1:1 ～ 12	2004	聖なる神に出会う喜び	90	村上宣道	ただ若者にすぎないと言ってはならない
エレ 1:4 ～ 8	2009	最前線からの手紙	61	吉田 眞	壊し、建てる
エレ 1	2019	聖なるたたずまい	9	J. ラム	神の召しに応えていく
エレ 18:1 ～ 6	1994	聖手の下に	24	E. クライトン	陶器師の手にある土の器
イザ 6:1 ～ 8, エレ 29:11	1992	永遠と愛	7	K.K. ウェストン	
エレ 31:3	2006	聖なる道ーキリストに生きる	146	小林和夫	神の真実とクリスチャンの生涯
エレ 32	2019	聖なるたたずまい	32	J. ラム	希望の土台となるもの
エレ 36	2019	聖なるたたずまい	21	J. ラム	神の言葉にコミットする
エゼ 22:24 ～ 31	2008	神は今どこにおられるのか	126	T. レンドル	神が探しておられる人
エゼ 36:25 ～ 27, 使徒 7:54 ～ 60	1991	ホーリネスの美	89	S.T. カマレーソン	
エゼ 36:19 ～ 27	2020	神の愛に満たされて	50	J. オズワルト	どのようにして神の目的は実現されるのか
エゼ 40:1 ～ 5,43:1 ～ 7	2014	御座から流れるいのちの水	9	T. プライス	神の御座のあるところ
エゼ 43:6 ～ 12	2014	御座から流れるいのちの水	19	T. プライス	ホーリネスの法則
エゼ 47:1 ～ 12	2001	輝けるクリスチャン生活	81	村上宣道	栄光の幻
エゼ 47:1 ～ 12	2014	御座から流れるいのちの水	29	T. プライス	いのちの河
エゼ 47:1 ～ 12	2015	主の栄光を映し出しながら	28	D. オルフォード	宣べ伝えよ、神とともに
エゼ 47:1 ～ 12, ヨハ 7:37 ～ 39	2015	主の栄光を映し出しながら	36	B. ニューマン	栄光に輝いた川のように

詩 51:12	2010	回復される神に出会う	123	T. レンドル	私たちの喜びを回復される神
詩 51:14 ～ 15	2010	回復される神に出会う	129	T. レンドル	私たちの賛美を回復される神
詩 51:1 ～ 19	2010	回復される神に出会う	135	T. レンドル	私たちの証しを回復される神
詩 51:10 ～ 17	2011	生きるとはキリスト	45	村上宣道	ケズィックがめざす ホーリネスを
詩 62:5 ～ 8	2016	主にあって勝利するキリスト者	67	長内和頼	切願の祈り
詩 63	1991	ホーリネスの美	151	峯野龍弘	人生の荒野経験を克服する道
詩 63	2016	主にあって勝利するキリスト者	120	J. ラム	私たちを満たす神
詩 63:1 ～ 12	2018	聖霊に満たされて歩む	38	R. ウィリアム	神への渇き
詩　93:5	1997	恵み溢れる御手	156	工藤公敏	朝を大切にしよう
詩 119:1 ～ 16	2020	神の愛に満たされて	69	千代崎備道	神の愛の鞭
詩 126	2011	生きるとはキリスト	64	三ツ橋信昌	荒野から聖なる大路へ
詩 136	2011	生きるとはキリスト	130	D. オルフォード	主には憐れみがある
詩 133:1 ～ 3	2010	回復される神に出会う	67	大井満	聖なる交わりの祝福
詩 139	2001	輝けるクリスチャン生活	96	武田二郎	「対立」から「和解」への十字架
詩 139:1 ～ 6, 23 ～ 24	2003	変えられる祝福	21	T. レンドル	心の審査
詩 139:23 ～ 24	2005	すべてを可能にする神	136	T. レンドル	心の点検
詩 139	2010	回復される神に出会う	162	岩本助成	主に知られ、主を知る喜び
詩 42　43	2001	輝けるクリスチャン生活	139	D. ビンガム	落ち込みからの解決
イザ 6:1 ～ 8, エレ 29:11	1992	永遠と愛	7	K.K.K. ウェストン	
イザ 12:1 ～ 3	1996	聖なる輝き	147	張田 望	救、力、歌
イザ 35:1 ～ 10	2006	聖なる道ーキリストに生きる	10	峯野龍弘	荒野から聖なる大路へ　ケズイックの意義とその特質
イザ 38:1 ～ 8	1997	恵み溢れる御手	7	峯野龍弘	人生の日の出から日没まで
イザ 41:8 ～ 16	1994	聖手の下に	99	杉本 勉	みことばに堅く立つ勝利の信仰生活

聖書箇所	年	書　名	頁	講師名	説教題
ネヘ 4:10 ～ 20	2017	真実の憐れみをもって招く神	123	S. ブレディー	危機を乗り越える
ネヘ 6:1 ～ 16	2007	福音の豊かさにあずかる道	139	D. オルフォード	神の御心を行うこと
ネヘ 8:1 ～ 3, 8 ～ 18	1997	恵み溢れる御手	85	R.F. ブラウン	
詩 1:1 ～ 6	2009	最前線からの手紙	153	岡田常信	全てが実る時
詩 16:1 ～ 11	1993	聖別された生活	171	村上宣道	主を私の前に置く
詩 19	2019	聖なるたたずまい	146	D. オルフォード	主をお喜ばせたいという願い
詩 23	1999	日常性の中の聖さ	36	本田弘慈	羊の大牧者、主イエス
詩 23:1 ～ 6	1999	日常性の中の聖さ	133	村上宣道	私の杯はあふれます
詩 23:1 ～ 6	2004	聖なる神に出会う喜び	111	黒木安信	主の家に向かって
詩 23	2017	真実の憐れみをもって招く神	65	深谷春男	主共にいます
詩 25:9, 12 ～ 15	1991	ホーリネスの美	162	尾花晃	わたしの目は主に向かっている
詩 25	2008	神は今どこにおられるのか	88	J. ラム	神の導きを知る
詩 37:1 ～ 9	2004	聖なる神に出会う喜び	101	H. オルフォード	いら立ちから信頼へ
詩 40:1 ～ 10	2004	聖なる神に出会う喜び	122	R.F. ブラウン	どこにいても、聖い生活を
詩 49:1 ～ 20	2015	主の栄光を映し出しながら	110	J. ラム	運命　Destiny
詩 51:3 ～ 21	2006	聖なる道－キリストに生きる	170	E. エイメス	救いの喜び
詩 51:12 ～ 17	2010	回復される神に出会う	39	T. レンドル	私たちの聖さを回復される神
詩 51:16 ～ 17	2010	回復される神に出会う	48	T. レンドル	私たちの賛美を回復される神
詩 51:11 ～ 19	2010	回復される神に出会う	56	T. レンドル	私たちの証しを回復される神
詩 51:1 ～ 19	2010	回復される神に出会う	117	T. レンドル	私たちの聖さを回復される神

ヨシュ 13:1 ～ 7	2014	御座から流れるいのちの水	72	石田敏則	恵みによる前進
ヨシュ 14:6 ～ 15、15:13 ～ 19	2019	聖なるたたずまい	108	D. オルフォード	なお忠実に
ヨシュ 5:13 ～ 6:5	2017	真実の憐れみをもって招く神	48	小菅 剛	あなたの履物を脱げ
士師 6:7 ～ 18	1994	聖手の下に	59	R.F. ブラウン	
士師 6:11 ～ 7:25	2015	主の栄光を映し出しながら	145	B. ニューマン	神に用いられた人ギデオン
士師 7:9 ～ 21	1994	聖手の下に	75	R.F. ブラウン	
士師 8:22 ～ 28	1994	聖手の下に	86	R.F. ブラウン	
ルツ 1:14 ～ 22	2013	第一のものを第一に	163	B. ニューマン	ルツ記・愛の物語
ルツ 1	2019	聖なるたたずまい	136	J. ラム	神の摂理との苦闘
ルツ 3:1 ～ 9	2013	第一のものを第一に	152	B. ニューマン	主イエスに近づく五つの道
Ⅰサム 23:1 ～ 5	2007	福音の豊かさにあずかる道	110	T. プライス	神の御心にかなう歩み
Ⅰ列 11:1 ～ 13	2006	聖なる道－キリストに生きる	64	D. オルフォード	聖なる道
Ⅰ列 17:1 ～ 10、18:1 ～ 2	2016	主にあって勝利するキリスト者	19	R. ウィルモア	エリヤ ── 従順な生涯
Ⅰ列 17:16	2019	聖なるたたずまい	88	藤本 満	かめの粉は尽きず
Ⅰ列 18:20 ～ 40	1991	ホーリネスの美	120	G. ダンカン	みことばに従ったエリヤ
Ⅰ列 18:23 ～ 24	1996	聖なる輝き	101	本田弘慈	火をもって答える神
Ⅰ列 19:1 ～ 18	2016	主にあって勝利するキリスト者	111	錦織 寛	静かな細い声を聞け
Ⅱ列 4:8～10, Ⅰペト 1:13 ～ 16	2008	神は今どこにおられるのか	70	R. ウィルモア	神の聖なる人
Ⅱ列 6 章	2003	変えられる祝福	101	H. レンドル夫人	回復と復興
Ⅱ歴 7:12 ～ 14	2012	十字架につけられた民を捜し求める神	41	R. ウィルモア	リバイバルの条件
ネヘ 1	1997	恵み溢れる御手	49	R.F. ブラウン	
ネヘ 2:1 ～ 20	1997	恵み溢れる御手	63	R.F. ブラウン	
ネヘ 3:38 ～ 4・17	2014	御座から流れるいのちの水	82	S. ブレディー	リーダーシップにおけるプレッシャーと罠

聖書箇所	年	書　名	頁	講師名	説教題
出エ 3:1 ～ 14	2009	最前線からの手紙	140	C. プライス	あなたの靴を脱ぎなさい
出エ 3	2012	十字架につけられた民を捜し求める神	52	工藤弘雄	燃える柴
出エ 16	2014	御座から流れるいのちの水	63	島隆三	天からのパン
出エ 21:1 ～ 6	1994	聖手の下に	45	E. クライトン	
出エ 21:1 ～ 6 ロマ 12:1 ～ 11	2000	聖なる者となれ	71	S. オルフォード	主に仕えよ
出エ 25:10 ～ 12	2004	聖なる神に出会う喜び	68	三ツ橋信昌	キリストの贖いの恵み
出エ 31:1 ～ 5	2012	十字架につけられた民を捜し求める神	104	H. レンドル夫人	聖霊に満たされた働き人の姿
出エ 33：7 ～ 13	1999	日常性の中の聖さ	83	R.F. ブラウン	指導者の資質
出エ 33：1 ～ 11	2018	聖霊に満たされて歩む	104	R. ウィルモア	神の臨在をどのように知るか
出エ 2:23 ～ 3:10	2004	聖なる神に出会う喜び	78	長谷川義信	派遣されるモーセ
レビ 10:1 ～ 7	2020	神の愛に満たされて	140	J. オズワルト	神に仕えることの危うさ
レビ 11:41 ～ 45	1998	勝利する道	132	高橋秀夫	聖なるものとなるために
レビ 22:31 ～ 33、 Ⅰペト 1:15、16	2020	神の愛に満たされて	41	J. オズワルト	わたしたちに対する神の御目的
民数	1992	永遠と愛	91	瀬尾要造	ふたごころのバラム
民数 22：21 ～ 35	1995	聖なる挑戦	97	峯野龍弘	巧妙な誘惑とキリスト者の堕落
申命	2017	真実の憐れみをもって招く神	38	R. カンビル	振り返って、見上げて、前を見る
ヨシュ 1:1 ～ 9	2019	聖なるたたずまい	117	川口竜太郎	神の言葉を握って
ヨシュ 1:1 ～ 11	2019	聖なるたたずまい	127	J. ラム	私たちが地上の旅路で必要とするすべてのもの
ヨシュ 4:5 ～ 7、20 ～ 24	2011	生きるとはキリスト	18	R. エイメス	これらの石は何を意味するのか
ヨシュ 4:1 ～ 24	2016	主にあって勝利するキリスト者	85	R. コフィ夫人	これらの石は何を意味しますか
ヨシュ 5:13 ～ 6:5	2016	主にあって勝利するキリスト者	138	R. ウィルモア	ヨシュア　従順な生涯

創 12:1 ～ 13・3	2018	聖霊に満たされて歩む	160	工藤弘雄	あなたは祝福となりなさい
創 13:1 ～ 13	2010	回復される神に出会う	9	S. ブレディー	妥協の中で生きるロト
創 16:1 ～ 16	2008	神は今どこにおられるのか	63	桑原信子	帰って仕えなさい
創 17:1	1994	聖手の下に	127	本田弘慈	
創 20	1998	勝利する道	47	E. クライトン	隠れた罪の処理
創 22:1 ～ 14	2005	すべてを可能にする神	74	峯野龍弘	アブラハムの召命経験に学ぶキリスト者生涯の聖別
創 22:1 ～ 13	2018	聖霊に満たされて歩む	57	R. ウィルモア	祭壇を築くべき時
創 23:1 ～ 20	2010	回復される神に出会う	20	S. ブレディー	損失と共に生きるアブラハム
創 37 ～ 41	2011	生きるとはキリスト	27	R. エイメス	クリスチャンと苦しみ
創 28:13	1996	聖なる輝き	128	岸田 馨	信仰の絆
創 28:10 ～ 22	2004	聖なる神に出会う喜び	42	R.F. ブラウン	聖なる神との出会い ペヌエルでのヤコブ
創 32:22 ～ 32	2004	聖なる神に出会う喜び	50	R.F. ブラウン	聖なる神との出会い ペヌエルでのヤコブ
創 32:23 ～ 33	2008	神は今どこにおられるのか	36	R. ウィルモア	祝福の場所
創 35:1 ～ 15	2004	聖なる神に出会う喜び	57	R.F. ブラウン	聖なる神との出会い 再びペヌエルでのヤコブ
創 38:12 ～ 30	2007	福音の豊かさにあずかる道	96	S. ブレディー	熟年世代の誘惑
創 39	2000	聖なる者となれ	81	横田武幸	恵み深い主の学課
創 37 ～ 41	2010	回復される神に出会う	30	S. ブレディー	試練と共に生きる
創 41 ～ 45	2020	神の愛に満たされて	130	S. ブレディー	ヨセフ　希望をもって生きる
出エ 2：1 ～ 10	1999	日常性の中の聖さ	63	R.F. ブラウン	困難な時代の中にある聖さ
出エ 3：1 ～ 15	1999	日常性の中の聖さ	71	R.F. ブラウン	荒野の恵み
出エ 3:1 ～ 15	2003	変えられる祝福	82	峯野龍弘	ケズィックと聖なる燃え柴の経験
出エ 3:1 ～ 3	2009	最前線からの手紙	43	I. コフィ	モーセとためらい

宝の山へのガイドマップ

この索引は、調べたい聖書箇所の説教が、ケズイック説教集30巻の、何年の説教集の、何頁に掲載されているかを探すために、作成したものです。

左側から聖書個所・説教年・説教集書名・頁・講師名・タイトルとなっています。

略語：**旧約聖書**　創（創世記)、出エ（出エジプト記)、レビ（レビ記)、民数（民数記)、申命（申命記)、ヨシュ（ヨシュア記)、士師(士師記)、ルツ（ルツ記）Ⅰサム(Ⅰサムエル記)、Ⅰ列（列王記第一)、Ⅱ列（列王記第二)、Ⅱ歴（歴代誌第二)、ネヘ（ネヘミヤ記)、詩（詩篇／詩編)、イザ（イザヤ書)、エレ（エレミヤ書)、エゼキ（エゼキエル書)、ダニ（ダニエル書)、アモ（アモス書)、ヨナ（ヨナ書)、ハバ（ハバ書)、ハガ（ハガイ書)、ゼカ（ゼカリヤ書)
新約聖書　マタ（マタイによる福音書)、マル（マルコによる福音書)、ルカ（ルカによる福音書）ヨハ（ヨハネによる福音書)、使徒（使徒言行録／使徒の働き／使徒行伝)、ロマ（ローマの信徒への手紙)、Ⅰコリ（コリントの信徒への手紙一)、Ⅱコリ（コリントの信徒への手紙二)、ガラ（ガラテヤの信徒への手紙)、エフェ（エフェソの信徒への手紙／エペソ)、フィリ（フィリピの信徒への手紙／ピリピ)、コロ（コロサイの信徒への手紙)、Ⅰテサ（テサロニケの信徒への手紙一)、Ⅰテモ（テモテへの手紙一)、Ⅱテモ（テモテへの手紙二)、フィレ（フィレモンへの手紙／ピレモン)、ヘブ（ヘブライ人への手紙／ヘブル)、ヤコ（ヤコブの手紙)、Ⅰペト（ペトロの手紙一／ペテロ)、Ⅰヨハ（ヨハネの手紙一)、Ⅲヨハ（ヨハネの手紙の手紙三)、ユダ（ユダの手紙)、黙示（ヨハネの黙示録)

聖書箇所	年	書　名	頁	講師名	説教題
創3:1～6	2008	神は今どこにおられるのか	78	峯野龍弘	聖書に見る女性像―女性の源流エバを探ねて
創5:18～24	2016	主にあって勝利するキリスト者	147	栗田義弘	神とともに歩んだエノク

2021 ケズィック・コンベンション説教集

わたしたちの希望 —— パンデミックの時代に
Our Hope — In the Pandemic Era

2021 年 12 月 10 日　初版発行

責任編集－大井　満
発　行－日本ケズィック・コンベンション
〒 101-0062　東京都千代田区神田駿河台２－１　OCC ビル内
TEL 03-3291-1910（FAX 兼用）
e-mail：jkeswick@snow.plala.or.jp

発　売－株式会社ヨベル
〒 113-0033　東京都文京区本郷４－１－１
TEL 03-3818-4851

印　刷－中央精版印刷株式会社

配給元－日キ販　東京都新宿区新小川町 9-1　振替 00130-3-60976　TEL03-3260-5670
ISBN 978-4-909871-59-6　Printed in Japan ⓒ 2021

【書評再録　本のひろば2021年3月号】

キリスト者の「生」のあり方を問いかける

ケズィック・コンベンション説教集2020

神の愛に満たされて

大井 満責任編集

評者：濱　和弘

小さな泉から流れ出た水が、長い道のりを滔々と流れ大河となる。その大河は肥沃な地を生み、そこに文明を築く。私たちはそのことを歴史の営みの中に知る。

ケズィック・コンベンション（以下ケズィック）もまた、この歴史の営みに似ている。一八七五年にイングランド北西の小さな町ケズィックに始まった集会が、一四六年の歳月を経て、今日、日本を含め世界各国で開催される大河となり、キリスト者の霊性を養う肥沃な地となっている。

本書は、その日本でのケズィックの二〇二〇年版説教集である。全体の構成は、バイブルリーディングと呼ばれるキリスト者の生の在り方を問う説教と、キリスト者の霊性を養うための聖会説教、そして教職向け、信徒向けのセミナーや女性集会、ユース集会での説教が収められている。

説教者は外国人・日本人説教者を含め複数に渡るが、あえてここではその名を挙げない。説教する人間に価値があるのではなく、説教そのものの内容に価値があるからである。本書には、その珠玉の説教が連なっている。

特に、今回のケズィックは、近年に日本で開催されたケズィックの中でも、特筆すべきものがある。というのも、今回のバイブルリーディングは、「神の国」からキリスト者の生の在り方を問い、考えているからである。

もとより、ケズィックの説教は、キリスト者個人の霊性を養い、個人の変革を図り、敬虔な生き方に導くことに中心を置く。しかし、今回の説教は、神の国の視点から語ることで、さらに強く、神の国の民として、この世の中で具体的に生きることへの自覚を促すものである。

とかく神の国は、天国という死後行く世界として彼岸的に捉えられがちである。しかし、神の国はキリスト者の心を支配し、この世に神の支配が具体的に展開すべき此岸的なものでもある。そのことを、説教者は山上の垂訓から神の義と寛容とに焦点を当てながら力強く語り、私たちの生き方を問い、私たちをこの世へと押し出していく。それは、この世にあって、神に従って生きていく生である。

もっとも、キリスト者の生き方のみが問われるだけならば、それは少々辛い。誰しもが、神に喜ばれる生を生きたいと思うが、それは簡単なことではないからだ。失敗や失望もある。だから、そこには慰めが必要であり、癒しが必要であり、神を信頼することへの励ましが必要である。私たちは、弱さを持った存在なのだ。

本書では、その役割を聖会説教や各セミナーの説教が果たしている。そこでは、神の赦しが語られ、神の愛が語られ、読み手を包み込んでゆく。それこそ、心を神が支配しているのではなく、自分の思いや願いに支配されている人間の現実を示しつつも、そのような私たちを赦し、幼子を教えるように教え導き、励ましながら私たちをキリストの弟子として育まれる神の愛が語られていくのである。

キリスト者は、キリストの証人としてこの世に押し出されて行くと同時に、この世から引き出され、慰め癒されなければならない存在でもある。本書は、一つの書として、この二つの対極を語る極めてバランスが取れた説教集であり、キリストの真実に溢れた肥沃な霊の糧の地である。

（はま・かずひろ＝日本ホーリネス教団 小金井福音キリスト教会 牧師）

日本ケズィック・コンベンション説教集
［既刊のご案内］
（価格は税別表示）

2020 **神の愛に満たされて** ● *1,300* 円
Overflowing Love of God

2019 **聖なるたたずまい** ● *1,300* 円
Christlikeness

2018 **聖霊に満たされて歩む** ● *1,300* 円
Empowered by the Spirit

2017 **真実の憐れみをもって招く神** ● *1,300* 円
God calling us with true mercy

2016 主にあって勝利するキリスト者 ● *1,300* 円
Victor in Christ

2015 主の栄光を映し出しながら ● *1,300* 円
Reflecting the glory of the Lord

2014 **御座から流れる命の水** ● *1,300* 円
The living warter overflowing from His throne

2013 第一のものを第一に ● *1,300* 円
First things first-life

2012 十字架につけられた民を捜し求める神 ● *1,238* 円
God is seeking crucified people

2011 生きるとはキリスト ● *1,238* 円
To Live is Christ

2010 **回復される神に出会う** ● *1,238* 円
Meet The God Who Restores

2009 **最前線からの手紙** ● *1,238* 円
Letters from the Front Line

2008 神は今、どこにおられるのか ● *1,238* 円
Where does God live today?

2007 **福音の豊かさにあずかる道** ● *1,238* 円
Sharing in the Fullness of the Gospel

2006 聖なる道 —— キリストに生きる ● *1,429* 円
The Way of Holiness —— living in Christ

2005 すべてを可能にする神 ● *1,429* 円
All things are possible with God
2004 聖なる神に出会う喜び ● *1,429* 円
Joyful encounter with the Holy God
2003 変えられる祝福 ● *1,429* 円
The blessings of spiritual transformation
2002 聖霊による希望 ● *1,429* 円
Hope inspired by the Holy Spirit
2001 輝けるクリスチャン生活 ● *1,429* 円
Radiant Christian Living
2000 聖なる者となれ ● *1,429* 円
Be Holy
1999 日常生活の中の聖さ ● *1,524* 円
Holiness in Daily Life
1998 勝利する道 ● *1,524* 円
The Way of Victorious Life
1997 恵み溢れる御手 ● *1,524* 円
The gracious hand of our God
1996 聖なる輝き ● *1,456* 円
The splendour of His holiness
1995 聖なる挑戦 ● *1,524* 円
The Holy Challenge
1994 聖手の下に ● *1,524* 円
Under His Lordship
1993 聖別された生活 ● *1,650* 円
Holy Living
1992 永遠と愛 ● *1,650* 円
Eternity and Love
1991 ホーリネスの美 ● *1,524* 円
The Beauty of Holiness

【ポール・S. リース 説教集】 ● *1,800* 円
ハートオブケズィック
The Heart of Keswick

荒野から聖なる大路へ［DVD 付き］ ● *1,800* 円
日本ケズィック・コンベンション 50 年記念誌
日本ケズィック・コンベンション 50 年記念誌出版特別委員会［編］